SV

Band 1339 der Bibliothek Suhrkamp

Jorge Semprun
Die Ohnmacht

Roman

Aus dem Französischen
von Eva Moldenhauer

Suhrkamp Verlag

Titel der Originalausgabe: *L'évanouissement*

Druck: Nomos Verlagsgesellschaft, Baden-Baden
Printed in Germany
Erste Auflage 2001

1 2 3 4 5 6 – 06 05 04 03 02 01

Die Ohnmacht

Für Claude und Dominique Landmann

Er fragt sich, warum es in seinem Gedächtnis soviel Schnee gibt, soviel knirschenden Schnee in seiner Schlaflosigkeit. Dabei ist es August, der Apotheker hat es ihm gesagt, und das hatte eine durchsichtige, unbezwingbare Freude in ihm ausgelöst, eine Art rein körperlichen Glücks, als er hörte, daß es August war.

– Es ist Montag, der sechste August neunzehnhundertfünfundvierzig, hatte der Apotheker gesagt, jede Silbe betonend. Der auf ihm ruhende Blick des Apothekers war besorgt.

Und da war diese völlig durchsichtige Freude gewesen, der er sich überlassen hat, oder besser, die in ihm aufgestiegen ist, als er aus dem Mund des Apothekers erfuhr, daß es August war, und dennoch ist sein Gedächtnis voll von Schnee.

Undeutlich, in der von den heftigen Blitzen des Schmerzes, der in seinem Gehirn, in seinem ganzen Körper aufbricht, durchzuckten Schlaflosigkeit, undeutlich gibt es Schnee. Er versucht, diese Erinnerung an Schnee einzukreisen, dieses flockige Gedächtnis, in dem er schwebt, erstarrt in dem Schmerz, der sich hinzieht, und es ist erst zehn Uhr abends, er hat soeben auf seine Uhr geschaut im Schein der Nachttischlampe, die auf einem Stuhl steht, und ihr Schirm ist aus rosafarbenem, gefälteltem, verblichenem Stoff, aber man hat ein Tuch darüber gelegt oder ein Stück Stoff, das lediglich einen schmalen, an der Spitze gekappten Lichtkegel durchläßt, links von seinem Bett, zu dem er das Handgelenk hat ausstrecken müssen. Der Schnee kann sich nur in seinem Gedächtnis befinden, auch wenn er manchmal den Eindruck hat, als sähe er ihn dunstig im Zimmer schweben, auch wenn er zuweilen in die knirschende Weichheit verschneiter Wälder einzusinken meint. In Wirklichkeit würde er, wenn er sich anstrengte,

genau wissen, daß das weit geöffnete Fenster auf den Monat August geht.
Es war der Apotheker, der ihm am frühen Nachmittag, in dem Augenblick, als er aus seiner Ohnmacht erwachte, dieses Glück zu leben mitgeteilt hatte, diese jähe Gewißheit zu existieren, und daß all die Geräusche ringsum, die Hammerschläge, die sich öffnenden Türen, die Fahrradklingeln und, vor allem, das Pfeifen der Lokomotive, das Rumoren durchbohrend, zu dem alle anderen Geräusche verschmolzen, daß der Ort, der Name, die Wohnung all dieser Dinge der Monat August war. Und dennoch, in dieser Wirklichkeit des Monats August, die sich nicht nur durch die Worte des Apothekers aufdrängt, sondern die da ist, rauschend, hinter diesem offenen Fenster, dennoch gibt es Schnee.
Vielleicht wird es nötig sein, alles noch einmal von vorn zu beginnen, von dem Augenblick an, wo er die Augen geöffnet hat, seines Gedächtnisses beraubt, das heißt unendlich leicht, nur durch seinen Blick mit den Dingen verbunden, in einem winzigen Universum farbiger Gegenstände schwebend. Vielleicht wird er, wenn er sich auf diese ganz neue Vergangenheit stürzt, auf diese wenigen Stunden, seit er sich, am Kopf verwundet, in der Apotheke von Gros-Noyer-Saint-Prix wiedergefunden hat, den Ursprung dieses Schnees, all dieses knirschenden und weichen Schnees entdecken können, der in seiner Erinnerung den Flieder zum Duften bringt.
– Der Schnee und der Flieder, sagt er laut.
Dann lacht er, aber sein Lachen erstirbt, denn es weckt von neuem den Schmerz in seinem Schädel.
Dennoch, wenn er in der Lage wäre, sich anzustrengen, wüßte er genau, daß weder der Schnee noch der Flieder zum August gehören. Zum August gehört das heftige Glück, das dieses Wort in ihm geweckt hat.

– Es ist Montag, hat der Apotheker gesagt, der sechste August...
Der Apotheker betonte jede Silbe, damit diese präzise, datierte Wahrheit ihm klar vor Augen trat, daß an ihr kein Zweifel bestand. Aber nicht diese Genauigkeit hat ihn erstaunt, sondern jenes kleine, scharfe, schrille Wort *août*, August, das in ihm zerplatzte und augenblicklich, ohne daß er wußte wie und warum, zum Wort *agosto* wurde, das er stumm ausgesprochen hat, wobei ihm das Wasser im Mund zusammenlief, als er dieses Wort auf seiner Zunge zergehen ließ, *agosto*, und sich fragte, ob es für alle Realitäten dieser Welt zwei Wörter gebe (natürlich hat er, als er in der erwähnten Apotheke aus seiner Ohnmacht erwachte, die Dinge überhaupt nicht auf diese Weise gedacht, da es ihm in jenem Augenblick unmöglich war, die Idee der Welt, die Idee der Realität zu erfassen, es war lediglich ein undeutlicher Eindruck), ob es zwei Wörter für ein und dieselbe Wirklichkeit gebe, das Wort *août*, das Wort *agosto*, und über diese Frage mußte er innerlich lächeln, trotz der Überraschung, vielleicht sogar der Besorgnis, die sie barg. Denn vielleicht gab es ja nicht zwei Wörter für ein und dieselbe Wirklichkeit, sondern schlicht und einfach zwei verschiedene Wirklichkeiten, auf unterschiedlichen Ebenen. Alles erschien ihm möglich in jenem Augenblick.
Aber das erklärt nicht, warum ihm der Schnee und der Flieder so gut zusammenzupassen scheinen.
Er versucht, eine andere Position in seinem Bett einzunehmen, und sagt sich, daß auch diese Nacht ein Ende haben wird. Man muß diese Nacht mit Erinnerungen füllen, um sie bewohnbar zu machen, sie mit Gedächtnis füllen, da der Schlaf nicht mehr kommen wird.

Es hatte Gegenstände auf den Regalen gegeben, das ist alles, was er dazu hätte sagen können. Aber er hätte es nicht einmal sagen können, er wußte nicht einmal, daß die Sprache existierte. Er wußte nur, daß es vor seinen Augen Gegenstände gab, und er sah diese Gegenstände. Er wußte noch nicht, daß es möglich war, diese Gegenstände zu benennen. Sie waren verschiedene Formen, verschiedene Farben. Es waren Dinge, die da waren, vor seinem Blick, und auf diese Weise hat alles angefangen, vor einigen Stunden.

– Der Flieder, der Schnee und die Gegenstände, sagt er laut.

Er wünscht plötzlich, daß jemand käme, mit dem er sprechen könnte, dem er es in allen Einzelheiten erzählen könnte, so wie wir Ereignisse erzählen, die uns zutiefst geprägt haben und die wir wiederleben, wenn wir sie langsam, ausführlich erzählen, jemand, dem man diesen Eindruck schildern könnte, daß man nur durch den Blick lebt, das heißt durch die noch unbekannten, unmöglich zu benennenden, aber realen, in gewisser Weise unbestreitbaren Gegenstände, die sein Blick widerspiegelt. Aber es wird niemand kommen. Er erinnert sich, daß er in jener Nacht lieber allein sein wollte, um zurechtzukommen mit seinem Schmerz, den die Spritze, die der Arzt ihm gegeben hatte, für einen Augenblick gelindert hatte, der aber jetzt zurückgekehrt ist und um sich greift.

Er hatte nicht jenes Gefühl, das man beim Erwachen aus dem Schlaf empfindet, wenn die Dinge im Raum und in der Zeit wieder ihren Platz einnehmen, sehr schnell, wenn man in einem gewohnten Zimmer aufwacht, oder nach einem kurzen Moment der Gewöhnung an die Realität, wenn es in einem unbekannten Zimmer geschieht. Im einen wie im andern Fall jedoch öffnet sich der erste Blick des Erwachens auf eine Welt, in der die Gegenstände Gewicht, eine eigene Bedeutung haben, und ihre Anordnung im Zimmer die Spuren einer dichten, sofort wiedererkannten Vergangenheit birgt, die sie vor dem Schlaf hatten: eine Welt, in die sich sofort eine bestimmte Gestalt der Zukunft einschreibt durch das sich von selbst aufdrängende Bewußtsein all dessen, was man zu tun hat, oder im Gegenteil durch die erahnte Verfügbarkeit, die in diesem Augenblick total und voller Freuden zu sein scheint, wenn es Sonntag ist, oder wenn Ferien sind und das Meer da ist und man mit dem Vorgefühl von Sand und Sonne wieder einschläft. Aber vorhin erwachte er nicht aus dem Schlaf, er erwachte aus dem Nichts.

Mit einemmal waren also Gegenstände vor seinem Blick. Vorher hatte es nie etwas gegeben, danach würde es nie etwas anderes geben. Es gab einfach Gegenstände, und es gab seinen Blick, die sich gegenseitig ihre Existenz bewiesen, in einer plötzlichen Blendung. Wie lange hat diese Empfindung gedauert? Diese Frage stellte er sich, seit man ihn mit dem Krankenwagen in dieses Haus von Saint-Prix gebracht hat. Bei näherer Überlegung konnte diese Empfindung nur einen unendlich kurzen Augenblick gedauert haben, eine blitzartige Zeitspanne, einen Staub von Sekunden lang: eine Ewigkeit. Denn in dieser Empfindung hatte es ja gerade keine Dauer gegeben. Es hatte noch nicht benannte und vielleicht unbenennbare Gegenstände gegeben, deren Bedeutung und Funktion nicht einmal dunkel, nicht einmal undurchdringlich, sondern schlicht nicht vorhanden waren, deren Wirklichkeit allein in ihren leicht zu erkennenden Formen und ihrer unterscheidbaren Farbe lag. Sicher hat diese Empfindung nur den Bruchteil einer Sekunde gedauert, aber sie hätte auch ewig dauern können, denn vor dieser Empfindung gab es noch nichts, und auch nicht danach.

Aber die Gegenstände, einige von ihnen, begannen sich zu bewegen, und er hat gesehen, wie eine Art Glasröhre mit einer glänzenden Nadel darauf einen Kreis über seinen Augen beschrieb. (Natürlich hat er, als er aus seiner Ohnmacht erwachte, am frühen Nachmittag, in jener Apotheke von Gros-Noyer, auf der Eisenbahnlinie, die Paris mit Persan-Beaumont verbindet, die winzigen Geschehnisse, die ihn umgaben, überhaupt nicht mit Wörtern gedacht wie *Glas* und *Röhre* und *glänzend* und *Nadel*, er hat nur die Bewegung eines länglichen, durchsichtigen Gegenstands wahrgenommen, der in einer feineren, dünneren Spitze von anderer Helligkeit auslief, und erst seit er den Gebrauch der Sprache wiedergefunden hat, denkt er die Empfindungen jenes Augenblicks wieder mit präzisen Wörtern, einer überprüfbaren Objektivität, das Wort *Glas*, das Wort *Nadel* zum Beispiel.) Er hat versucht, der Bewegung dieser Nadel zu folgen, und da waren plötzlich nicht mehr nur bunte Dinge um ihn herum und sein Blick, sie wahrzunehmen, und er spürte, wie sein Blick sich in gewisser Weise nach innen verlängerte, hin zu den jäh gegenwärtig gewordenen Schmerzen im Schädel, zu seinen Armen, die er bewegte, zu seinem Bein, dessen nackten Schenkel er sah, in dem er ein winziges, präzises Kneifen spürte, das er unerklärlicherweise mit jener glänzenden Nadel von vorhin in Verbindung brachte.

– Geht es besser? fragt man ihn.

Und da entdeckt er die Sprache.

Ein körperliches Glück erfüllt ihn, als er dieses Geräusch einer Stimme hört, die sich an ihn wendet, und er entdeckt, daß diese Stimme einen Sinn hat, daß er genau versteht, wonach man ihn fragt. Man fragt ihn, ob es besser geht, was erkennen läßt, daß es vorhin, zu einem Zeitpunkt, an den er sich indes überhaupt nicht erinnert, wahrscheinlich nicht gutging. Die realen Gründe dieser Frage entgehen ihm. Es ist eine Frage, die über einem Nebel des Nichtwissens schwebt.

Aber sie hat einen präzisen Sinn, und diesen Sinn erfaßt er sehr präzise.
Er lächelt.
– Fühlen Sie sich wirklich ganz wohl? fragt man ihn.
Eine Sekunde lang hatte er befürchtet, diese ersten vernommenen Worte wären gewissermaßen nur ein jäher Blitz in einer Nacht des Schweigens, stummer Gegenstände. Aber nein. Es folgen andere Worte, die ebenfalls einen Sinn hatten. Weitere, ebenso leicht verständliche Worte. Es war also kein Zufall, daß er die ersten verstanden hat. Es gibt also keinen Grund dafür, daß der Sprache Grenzen gesetzt wären. Vielleicht kann man alles sagen.
– Es geht, sagt er.
Er versucht sich umzudrehen, und der Kopf tut ihm weh. Er hebt die Hand an die Seite seines Schädels, die ihm weh tut.
– Bewegen Sie sich nicht, sagt man ihm. Sie sind verletzt.
Dennoch richtet er sich auf, und er sieht einen Mann in weißem Kittel, der ihn aufmerksam anschaut.
Eine dumpfe Gereiztheit überkommt ihn, oder vielleicht eher ein Gefühl des Unbehagens, der Beklemmung, als ob diese Anspielung auf die Tatsache, daß er verletzt ist, ja diese entschiedende Behauptung, der zufolge er verletzt sein soll, begleitet von dem Befehl, sich nicht zu bewegen, als ob diese zerbrechliche Folge brüchiger, so bald verklungener Worte Türen auf eine verworrene Welt aufstieße, deren Umrisse er zwar nicht zu erkennen vermag, in der sich jedoch, wie ihm scheint, in weiter Ferne das Gefühl des schon einmal Dagewesenen regt, die unaussprechliche Gewißheit, daß sich dieselben Ereignisse schon einmal zugetragen haben, früher, oder vielleicht anderswo. Aber in dem Augenblick, da diese dumpfe Gereiztheit, oder dieses Unbehagen, dieses Gefühl der Beklemmung, ihn fast gänzlich erfüllt hat, bis hin zu den

Zehen seines etwas tauben Beins, das von einem Krampf erfaßt ist oder von tausend Nadelstichen wimmelt, in dem Augenblick, da er gezwungen ist, die Fülle dieses Gefühls, seine um sich greifende Gegenwart festzustellen, entsteht ein Sog, ein Luftzug, und ein Schwall von Geräuschen dringt an seine Ohren. Zuerst und über allem anderen eine Musik, schmächtig, säuerlich, vielleicht die einer Drehorgel, oder aber jener Musik, wie sie das Kreisen der primitiven kleinen Karussells mit Holzpferden begleitet, die man auf den Dorfplätzen manchmal mit der Hand zum Kreisen bringt. Und in dem vergänglichen Universum dieser Musik, die wie ein Schwall frischer Luft heranweht, im Innern des luftigen Gebäudes dieser Musik, eine ganze Skala verschiedener Geräusche: Stimmen, einige hell und lachend, Hammerschläge, eine Fahrradklingel und, diese dichte und zugleich poröse Masse durchbohrend, das Pfeifen einer Lokomotive, ganz nah, und das Husten eines anfahrenden Zugs. Er versucht, alles andere zu vergessen, die Behauptung jenes Mannes in weißem Kittel, der sagt, er sei verletzt, er solle sich nicht bewegen, die Gereiztheit, die diese Idee einer Verletzung hervorgerufen hat und die irgendwo um seinen Kopf herumspukt, das undeutliche Gefühl des früher, anderswo schon einmal Erlebten, er versucht alles zu vergessen, um sich in die erfrischende Tiefe dieses Schwalls aus Gemurmel, Musik, Lokomotivpfiffen gleiten zu lassen, Geräuschen der Welt hinter einer Tür, die sich offenbar geöffnet hat. Er versucht mit aller Kraft, sich auf diese Ahnung einer lärmenden, lebendigen Welt zu konzentrieren, einer Welt mit Kindern auf Fahrrädern und Menschen, die mit Hammerschlägen festes Material bearbeiten, Holz, Metall, und mit Zügen, die abfahren und Landschaften an ihren Scheiben vorüberziehen lassen werden, jener Welt, die sich irgendwo hinter einer Tür befinden muß, die sich geöffnet hat.

Aber die Geräusche klingen plötzlich ab, und eine Stimme sagt:
– Der Krankenwagen ist da.
Und von neuem ist er allein, sich selber unbekannt, verzehrt von der Unruhe, die dieses neue Wort weckt, das Wort Krankenwagen, das die verworrenen Reaktionen wachruft, die die Behauptung von vorhin, der zufolge er verletzt sein soll, verursacht hatte.
– Sagen Sie, sagt er.
Aber die Ungeheuerlichkeit dessen, wonach er fragen will, unterbricht ihn für eine Sekunde. Doch er fährt fort, über einen behutsamen Umweg.
– Bitte, wundern Sie sich nicht über meine Fragen. Welcher Tag ist heute?
Der Mann im weißen Kittel sieht ihn verwundert an, vielleicht sogar besorgt.
– Ich verstehe nicht, sagt er. Sie meinen, welcher Tag heute ist?
– Ja, sagt er geduldig, um diesen Mann nicht zu erschrecken, welcher Tag genau?
Aber er hat Lust zu lächeln, und er würde lächeln, wenn ihm nicht plötzlich sein ganzer Körper so weh täte, der im Schmerz grimmig wieder präsent ist. Er würde lächeln, denn er hat soeben das Wort gefunden, um diesen Mann in weißem Kittel zu benennen, und überdies auch das Wort, um den Ort zu benennen, an dem er sich befindet, die Regale und die auf diesen Regalen stehenden vielfarbigen Gegenstände.
Der Apotheker also sieht ihn an, vielleicht besorgt.
– Es ist Montag, sagt er.
Er findet es wunderbar, daß es Montag ist, aber nicht das will er wissen.
– Nein, ich meine welcher Tag des Monats, und welches Jahr.

Und da zuckt der Apotheker zusammen, dann huscht ein leichtes, fast freundschaftliches Leuchten über seine Augen. Der Apotheker hat wohl verstanden, daß er nicht mehr weiß, wo er ist, wer er ist, was los ist.
– Es ist Montag, der sechste August neunzehnhundertfünfundvierzig, sagt er langsam, jede Silbe betonend.
Das beginnt etwas auszulösen innerhalb jenes Schmerzes, der sein Körper ist, sein Kopf, seine Wißbegier. Es ist, als öffneten sich Türen, diesmal nicht nach draußen, auf die lärmende Welt voller Fahrräder, Züge und Hämmer, sondern im Gegenteil Türen auf eine Welt des Schweigens, Türen, die sich leise auf einen Flur in absteigenden Spiralen öffnen, sich vor ihm öffnen, noch bevor er sie erreicht, noch bevor er sie aufzustoßen braucht.
– Ah! sagt er, und wo sind wir?
Der Apotheker dreht den Kopf und schaut nach draußen, zu dieser Welt draußen, die sein eigener Blick nicht erreicht, denn er liegt auf einer Art Sofa oder Kanapee und kann den Kopf nicht heben, da sein ganzer Körper im Schmerz erstarrt ist.
– Sie befinden sich in der Apotheke von Gros-Noyer-Saint-Prix, neben dem Bahnhof.
Und nun öffnen sich die Türen immer schneller, schwindelerregend, und die Stille des langen Flurs bröckelt, zerplatzt überall, seine gedämpfte Stille beginnt sich mit Lichtstrahlen zu füllen, in denen ähnliche Geräusche schwingen wie vorhin, als führten letztlich alle diese selbsttätig sich öffnenden Türen zu jener Tür, die sich vorhin zur Welt und zu den Geräuschen der Welt geöffnet hat.
– Ah! sagt er, und warum bin ich hier?
In Wirklichkeit lautete die Frage, die er hätte stellen wollen und vor deren Ungeheuerlichkeit er zögerte, die ungehörige,

wie er genau spürte, und gewissermaßen provozierende, andererseits aber ganz einfache, dumme Frage: Wer bin ich? Aber schließlich gelingt es ihm, auf diesem Umweg über die Zeit und den Ort und die Gründe seiner Anwesenheit hier.
– Sie haben einen Unfall gehabt, sagt der Apotheker. Sie sind aus dem Zug aus Paris gefallen, genau in dem Augenblick, als er in den Bahnhof einfuhr. Sie sind verletzt.
Am Ende des Flurs öffnet sich nun die letzte Tür, mit großem Getöse, und wieder ist es eben jene Tür, die nach draußen führt, zum Pfeifen der Lokomotive.
– Ah! gut, sagt er.
Und er strengt sich nicht mehr an, sich aufzurichten, um seinem Schmerz zu widerstehen. Er läßt sich zurückfallen, er versinkt in der brutalen Starrheit seines ganzen Körpers, jenem Stechen an der rechten Seite seines Schädels, das in seinem tiefsten Innern widerhallt.
– Jemand im Zug hat Sie erkannt, sagt der Apotheker. Sie haben Verwandte im oberen Teil von Saint-Prix. Man wird Sie im Krankenwagen hinbringen.
– Aber ja, sagt er, Rue Auguste-Rey siebenundvierzig.
Er sieht nichts und niemanden mehr. Er ist am Ende seines Flurs, das heißt seiner selbst angelangt, denn er spürt genau, daß dieser Flur, durch den er leichtfüßig schritt, sein eigenes Leben war, noch vom Vergessen all dessen verdunkelt, was nicht die nackte, aber letztlich doch recht armselige Gewißheit war, daß er existierte. Er braucht sich nicht mehr anzustrengen, denn sein Gedächtnis ist zwar noch in der Welt verstreut, um ihn herum, in tausend Splittern, aber er weiß genau, daß alle diese Splitter sich von nun an langsam ineinanderfügen werden, daß sie wieder zusammenwachsen werden, daß er nur noch die Zeit ihr Werk verrichten zu lassen braucht.

Jetzt liegt er auf einer Tragbahre, unter einem blauen Himmel, und tatsächlich steht ein kleines Karussell mit Holzpferden am Ende der Esplanade, vor dem Bahnübergang.

– Was ist das für eine Verletzung? fragt er einen der Krankenwärter, während man die Bahre auf der Ladefläche des alten Lieferwagens befestigt, der als Krankenwagen dient.

– Das Ohr, sagt der Krankenwärter, Ihr Ohr ist abgerissen.

– Abgerissen? sagt er, wieso abgerissen, ganz ab?

– Nein, sagt der Krankenwärter, nicht ganz, nur halb abgerissen.

– Und wie sieht das aus? fragt er.

Der Krankenwärter schaut auf die rechte Seite seines Schädels und verzieht angewidert den Mund.

– Es hängt, sagt er.

Er sieht nochmal hin, aufmerksam.

– Die Wunde ist voll Schlacke.

Der Krankenwärter hat sich neben der Bahre niedergelassen, und der andere, der ihm geholfen hat, die Bahre zu tragen, hat sich hinter das Steuer gesetzt.

– Man wird es wieder annähen müssen, sagt der Krankenwärter, reinigen und wieder annähen.

Der Lieferwagen fährt ruckartig an, und er hat den Eindruck, daß sein Körper zersplittert.

– Ah! sagt er.

Der Krankenwärter schüttelt den Kopf.

– Wir müssen den Berg rauf, sagt er, da kann man ganz schön ins Schleudern kommen.

Der Krankenwärter holt eine halbe Zigarette aus seiner Tasche und zündet sie an.

– Zum Glück haben Sie nichts an der Wirbelsäule. Sie sind mit dem Nacken, den Schultern auf den Schotter gefallen. Böser Sturz, so was.

Der Krankenwärter inhaliert den Rauch seiner halben Zigarette.
– Aber das Ohr, warum ist es abgeschnitten?
Der Krankenwärter sieht ihn an.
– Wegen dem Kabel, Alter.
Der Lieferwagen holpert auf der ausgefahrenen Straße, und er riecht den Schweiß, der ihm übers Gesicht rinnt. Er beißt die Zähne zusammen und versucht zu lächeln.
– Ah! das Kabel!
– Ja doch, Alter, das Transmissionskabel, das am Bahndamm entlangläuft. Es ist aus Stahl und schneidend scharf, und schwupp hat es das halbe Ohr abgeschnitten, fein säuberlich, genau da, wo es angewachsen ist.
Der Krankenwärter schaut sich die Wunde nochmal an und schüttelt den Kopf, den Rauch ausatmend.
– Da sind eben die Zufälle des Lebens, Alter. Man versucht, sich zu beseitigen, und findet sich lebendig wieder, bloß mit einem Ohr weniger. Zum Lachen.
Er sieht den Krankenwärter an und versteht gar nichts mehr.
– Wieso, sich beseitigen?
Aber der Mann antwortet nicht, er starrt ihn an, und auf seinem Gesicht erscheint ein Anflug heimtückischer, fast obszöner Neugier.
– Ja genau, warum eigentlich haben Sie versucht, sich zu beseitigen?
Er lacht, trotz dem Schmerz, den das Lachen verschlimmert.
– Niemals, sagt er.
– Was, niemals? Fragt der Krankenwärter.
– Niemals habe ich an so was Idiotisches gedacht, meine ich.
– Was dann?

Der Krankenwärter wirkt enttäuscht, frustriert bei dem Gedanken, daß es sich nicht um einen Selbstmordversuch handeln sollte.
– Der Zug war überfüllt, ich stand dicht am Eingang, ich bin wohl ohnmächtig geworden und auf den Bahndamm gefallen, das ist alles.
Der Krankenwärter betrachtet ihn jetzt mit sichtlicher Verachtung, den Mund verziehend.
– In Ihrem Alter, Scheiße! ohnmächtig zu werden. Was für eine Jugend!
Er bemüht sich, nicht in irres Gelächter auszubrechen, er fürchtet, zu große Schmerzen zu haben. Der Krankenwärter drückt sich in seine Ecke und interessiert sich nicht mehr für ihn.
Der Lieferwagen hat die Kreuzung der Straße nach Paris hinter sich gelassen und nimmt die Steigung in Angriff, in einem Knirschen des Schalthebels. Und da er in Fahrtrichtung liegt, mit den Füßen nach vorn, sieht er am Ende seines Blicks den Kamm des Hügels aufragen, mit den Bäumen rings um die Häuser und dem Kirchturm. In dem Maße, wie die Straße steiler wird, beginnt die Landschaft sozusagen auf ihn zu kippen, auf seine Augen, die der Schweiß trübt, auf sein durch die zusammengebissenen Zähne verkrampftes Gesicht.
Der Lieferwagen erreicht die Anhöhe, biegt nach links ab, vor dem Gemischtwaren- und Tabakladen mit Café von Madame Robbe, und hält dann am Ende der Rue Auguste-Rey an. Er sieht das Kreuz an der Straßenecke und den Anfang der Straße, die zum *Lapin Sauté* hinaufführt, zu den Bäumen, dem Wind, den langen Wanderungen, dem Herbst, dem Wald.
– Ich will versuchen aufzustehen, sagt er.
Der Fahrer ist bereits ausgestiegen.
– Was wollen Sie? sagt der andere.

– Laufen, sagt er.
Der Krankenwärter zuckt die Achseln.
– Übernehmen Sie sich nicht. Vorhin hätten Sie nicht ohnmächtig werden sollen wie ein Weibsbild.
Aber er schlägt die Decke zurück, die man ihm über die Beine gelegt hat, und richtet sich auf. Hinter seinem Schädel geht ein Feuerwerk los, und er denkt, daß sein Kopf mit einem Strahlenkranz, vielleicht einem Nordlicht umgeben sein muß. Dennoch setzt er die Füße auf die Erde.
Der Krankenwärter schaut ihm zu, und seine Kippe ist ausgegangen.
– Scheiße! sagt er. Wenn Sie sich für Jesus halten, nur zu.
Es gelingt ihm, sich auf den Beinen zu halten. Er stützt sich auf den Lieferwagen und bricht auf in den leeren Raum vor ihm, zu der grauen Tür des Hauses. Die Sonne fällt schräg auf die Fassade und läßt die Scheiben funkeln, im ersten Stock. Er geht auf die Fassade, die Tür, die Sonne zu, die in tausend bewegliche Spiegelungen zerfällt, dort oben, über seinem Kopf, den er nicht zu heben vermag, als trüge er eine sehr schwere Last auf seinen Schultern. Es ist die Augustsonne, sagt er sich, die schöne Augustsonne, die bald hinter den Bäumen des Waldes verschwinden wird, und ich gehe auf die Augustsonne zu, das heißt auf ihre Spiegelung in den Scheiben des Hauses, ein weiteres Mal gehe ich auf einen Sonnenstrahl zu, und der Krankenwärter betrachtet mich, voller Ekel, daß ich bloß aus einem Zug gefallen bin, er betrachtet mich aufmerksam oder vielmehr in Erwartung, mich hinfallen zu sehen, vielleicht sogar in der Hoffnung, mich hinfallen zu sehen.
Er hat die Tür erreicht, und er bleibt reglos im kühlen Schatten des Flurs stehen.
– Sagen Sie, sagt der Krankenwärter.
Er muß sich ganz umdrehen, den ganzen Körper.

– Ja? sagt er.
– Sie sind zu Hause, es scheint zu klappen, wir verabschieden uns.
– Natürlich, sagt er, danke.
Dann ist er lange im Flur stehen geblieben, an die Wand gelehnt, glaubt sich zu erinnern.
Vielleicht sollte er sich anstrengen und in den ersten Stock hinaufsteigen, in sein Zuhause, das heißt in jene Wohnung, in der seine Familie seit etwa sechs Jahren lebt. Aber er ist hier ebensowenig zu Hause, wie er in der Apotheke von Gros-Noyer zu Hause war, oder vorhin in dem Vorortszug, und noch früher in all den anderen Zügen, oder heute vormittag in der Präfektur von Versailles, von einer Abteilung zur andern geschickt, da anscheinend niemand das Problem, das er aufwarf, zu lösen vermochte. Er ist hier ebensowenig zu Hause, wie er in dem Garten zu Hause wäre, in den er jedoch gerne ginge, um sich auf eine Bank zu setzen, im Geruch des weißen Flieders, aber vielleicht wäre er in diesem Garten voller Flieder ja weit eher zu Hause, in der Sonne sitzend, an der Mauer des Gemüsegartens, unter dem schneeweißen Flieder.
Aber der Schnee und der Flieder kommen später, sie sind jetzt da, in seiner Erinnerung. Es gibt keinen Schnee, keinen Flieder mehr außer in seinem Gedächtnis. Er sieht von neuem auf die Uhr an seinem Handgelenk. Es wird schwer sein, diese Nacht bewohnbar zu machen. Jedenfalls sind der Schnee und der Flieder jetzt da, und er weiß noch immer nicht, warum.
Vorhin, als er allein im Flur stand, gab es überhaupt keinen Schnee, überhaupt keinen Flieder, es gab nur jenen Wunsch oder Scheinwunsch, jenen Eindruck, daß es vielleicht besser wäre, in den Garten zu gehen und dort zu warten, statt in jene Wohnung hinaufzusteigen. Wo er ebensowenig zu Hause ist

wie anderswo, aber das ist es ja gerade, er ist nirgendwo zu Hause. Diese Gewißheit hat ihn einen Augenblick beschäftigt, aber es war kein unangenehmes, auch kein beunruhigendes Gefühl: es war einfach so, er war an all diesen Orten fremd, schon seit Jahren.

Zuletzt ist er doch nicht in den Garten gegangen, denn er fürchtete, später nicht mehr genug Kraft zu haben, sich zu bewegen, ins Haus zurückzukehren. Er hat sich langsam in Bewegung gesetzt, sich an die Wand sowie auf das Treppengeländer stützend, um seinen steifen, unter der Last des Schmerzes gebeugten Körper hochzuziehen. Im ersten Stock hat er an die Tür geklopft, aber es war niemand in der Wohnung. Da hat er sich auf die Stufen gesetzt, um zu warten. Er wußte, daß die Zeit verstrich, weil die Sonne, das heißt der durchsonnte Schatten der Sonne an der Wand des Treppenhauses, gegenüber dem Fenster, das sich oberhalb und etwas zur Linken seines Kopfes befand, schmaler wurde und irgendwann verschwand. Die Augustsonne hatte sich hinter den großen Bäumen des Anwesens versteckt, dessen stets verschlossenes Gittertor sich auf der anderen Seite der Straße befindet. Er meint, daß der Name dieses Anwesens, geschrieben auf einem grünangelaufenen Kupferschild über dem Schlitz eines Briefkastens rechts des Gitters, an einer Mauer, an der auch ein Steinbrunnen steht, er meint, daß dieses Anwesen *La Solitude* heißt, aber er ist sich dessen nicht ganz sicher; in diesem Augenblick könnte er beschwören, daß er es nicht mit irgendeinem anderen Haus verwechselt, an einem anderen Ort, oder vielleicht sogar mit dem imaginären Namen eines Ortes, den er nicht einmal kennt. Er fragt sich, wieso er Zweifel an dem Namen dieses Anwesens haben kann, während er sich doch in allen Einzelheiten an die Form des Hauptgittertors erinnert, das man niemals öffnet, das er jedenfalls niemals offen gesehen hat, und sogar ein Vorhängeschloß, das im Laufe der Jahre im Regen wohl verrostet ist, die beiden massiven Flügel zusammenhält. Er erinnert sich in allen Einzelheiten an die Form dieses Tors, an die Perspektive der befahrbaren Allee, die dahinter beginnt, zwischen zwei Reihen Kastanienbäumen, an die Farbe des Steins und den in verschiedenen Tönen, je nachdem ob es regnet oder ob schönes Wetter ist, schillernden Schiefer, der das Haus der Aufseher bedeckt, links von der Allee, lauter Dinge, die er im Gedächtnis bewahrt, als hätte er viele Stunden damit zugebracht, was er vielleicht auch getan hat, den Eingang dieses Anwesens zu beobachten, dessen Namen ihm jetzt entfallen ist, das heißt, dessen Namen ihm ins Gedächtnis kommt, jedoch zweifelnd, ohne die Gewißheit, ihn nicht mit einem anderen, realen oder imaginären, Namen zu verwechseln. Jedenfalls mußte sich die Augustsonne hinter den Bäumen dieses Anwesens versteckt haben, und so hat er begriffen, daß die Zeit verstrich, im Stumpfsinn des Schmerzes und des Wartens.

Dann waren eilige Schritte auf der Treppe zu hören, und Madame Robbe ist aufgetaucht.

– Seigneur, Seigneur! sagt sie. Was ist Ihnen denn passiert?

Er sieht sie an und fragt sich, ob er die Kraft haben wird, ihr zu erklären, daß er heute morgen nach Versailles gefahren ist, um zu versuchen, in der Präfektur einen Paß zu bekommen oder einen Passierschein, irgendein Stück Papier, auf das man sein Foto kleben konnte, ein Visum, alle Visa, die nötig sind, um in die Schweiz zu reisen, aber er hatte den Eindruck gehabt, daß in der Präfektur von Versailles noch kein Ausländer jemals um etwas Derartiges nachgesucht hatte, jedenfalls seit Jahren nicht, denn es war ein Ersuchen, das alle Angestellten, die ihn, von einer Abteilung zur andern, angehört hatten, in die größte Bestürzung zu versetzen schien, während sie ihn jedesmal anderswohin schickten, so daß er in seinem Gedächtnis das Bild vieler weitaufgerissener Augen und geschüttelter Köpfe bewahrt, als er Büros betrat, die, der immer kälteren Feierlichkeit der sie möblierenden Sessel und Tische nach zu urteilen, zu immer wichtigeren Personen gehören mußten, bis zu dem Augenblick, wo er auf jemanden traf, der sich mit Hilfe der Auftragsbescheinigung, die Jean-Marie ihm besorgt hatte (niemand hatte ihn übrigens gefragt, welchen Auftrag er denn in der Schweiz für den Informationsminister zu erledigen hätte, aber alle waren höchst beeindruckt von jenem großen Blatt Papier mit der Trikolore, das heißt versehen mit zwei quer verlaufenden dicken Strichen, einem roten und einem blauen, die einen weißen Raum begrenzten, da das Papier zwischen ihnen weiß war), auf jemanden also, der sich zu erinnern glaubte, daß es trotz allem Mittel gab, sogar in der Zeit des Kriegs gegen Japan, um einen Ausländer, der in seiner Eigenschaft als politischer Flüchtling einer anscheinend international, zumindest von allen zivilisierten Nationen anerkannten Gesetzgebung und Rechtsprechung unterlag, aus Frankreich ausreisen zu lassen. Diese Person erinnerte sich sogar, daß es irgendwo in einem Schrank der Präfektur eine Anzahl unbenutzter Nansen-Pässe geben mußte, die in den letzten Jahren aufgrund der Umstände, die inzwischen der Vergangenheit angehörten, keine vertretbare Verwendung gefunden hatten. Er wollte sich dafür verwenden, diese Pässe aufzufinden und ihm einen für die Schweiz gültigen auszustellen, natürlich nur für eine Hin- und Rückfahrt, und das Schweizer Konsulat werde es gewiß nicht ablehnen, ihm ein Visum für einen Aufenthalt von drei Monaten, der maximalen Dauer, die man beantragen konnte, in der Schweizerischen Eidgenossenschaft zu erteilen. Daraus hatte er geschlossen – er, nicht die offizielle Person, für die das außer Frage zu stehen

schien –, daß die Schweiz eine der zivilisierten Nationen war, die die Klauseln der internationalen Gesetzgebung, auf die angespielt worden war, akzeptierten.
Nachdem diese entscheidende Hürde genommen war, in einer gewissen administrativen Heiterkeit, die sich zweifellos der positiven, unangreifbaren Lösung des aufgeworfenen Problems verdankte, war er in weniger bedeutende Büros zurückgekehrt, in denen sich anstelle der roten Plüschsessel einfache Holzstühle mit rissigem Lack befanden und wo er die für derartige Fälle vorgesehenen Formulare ausfüllen mußte. Er brauchte sich nur noch, so schien es, eine Wohnsitzbescheinigung zu besorgen und sie, gebührend beglaubigt, vorzulegen, um innerhalb weniger Tage, höchstens zwei Wochen, den Reiseausweis zu erhalten, den er wünschte und auf den er allem Anschein nach einen Anspruch hatte.
Aber er fragte sich, ob er die Kraft haben wird, das alles Madame Robbe zu erzählen.
Wenn er diese Einzelheiten jedoch überginge, würde Madame Robbe nicht verstehen, warum er sich im Zug aus Persan-Beaumont befand, der kurz in Gros-Noyer-Saint-Prix haltmachte, nachdem er nacheinander auch in Saint-Denis, La Barre-Ormesson, Epinay-Villetaneuse, Enghien-les-Bains, Ermont-Eaubonne, Ermont-Halte und schließlich in Gros-Noyer-Saint-Prix gehalten hatte, um dann nach Saint-Leu-la-Forêt und anderen Orten weiterzufahren, deren Namen er nicht wußte, denn Saint-Leu war für ihn die Grenze des bekannten und erforschten Universums, zumindest in dieser Richtung. Madame Robbe würde nicht verstehen, warum er sich in diesem Zug befand, und deshalb natürlich auch nicht, warum er aus ihm gefallen war, denn der Zug war überfüllt, und ihm hatte sich der Kopf gedreht, wie man sagt, während er praktisch auf dem Trittbrett reiste. Also müßte er damit

beginnen, Madame Robbe von seinem Besuch in der Präfektur von Versailles zu erzählen, woraus sich alles übrige ergab, wegen jener Wohnsitzbescheinigung und ihrer unbedingt notwendigen Beglaubigung, die nur auf dem Kommissariat von Taverny zu erhalten war, der Hauptstadt des Departements, dem sein mutmaßlicher Wohnsitz, Rue Auguste-Rey 47, in Saint-Prix unterstand (da der untere Teil von Gros-Noyer nur aus einigen Häusern rings um den Bahnhof bestand, darunter die Apotheke auf der Esplanade vor dem Bahnübergang, wo sich vorhin das kleine Karussell mit den Holzpferden zum säuerlichen und schmächtigen Klang jener Musik drehte, die er vernommen hatte, als er aus seiner Ohnmacht erwachte). Aber er fragt sich wirklich, ob er die Kraft haben wird, Madame Robbe diese ganze Geschichte ausführlich zu erklären, von Anfang an.

– Ich habe den Krankenwagen kommen sehen, sagt sie, und da habe ich gedacht: Monsieur Manuel ist was zugestoßen!

Monsieur Manuel sieht sie an, und er weiß, daß Madame Robbe das keineswegs gedacht hat. Sie hat ganz einfach den Krankenwagen bei seiner Rückfahrt angehalten und sich erkundigt. Der Standort des Gemischtwarenladens von Madame Robbe an der Kreuzung der vier Hauptstraßen des Dorfs – jener, die vom Bahnhof heraufkommt, jener, die zur Kirche und den Anwesen der Pariser oben auf dem Hügel am Waldrand führt, jener, die nach Montlignon hinabsteigt, und schließlich der vierten, die nach Saint-Leu geht –, diese zentrale Lage zwingt Madame Robbe moralisch dazu, über die wesentlichen Geschehnisse des Dorfs auf dem laufenden zu sein, und so ist sie auf ganz natürliche Weise auf den Wunsch verfallen, die Ereignisse vorherzusehen, vorauszusagen oder aber die nachträglich gesammelten Informationen in Weissagung zu verwandeln.

– Ah, diese Boches! habe ich mir gesagt, ah, diese dreckigen Boches! sagt Madame Robbe.
Er versucht, den Gedankengang zu erraten, der Madame Robbe von dem Unfall zu historischen Verallgemeinerungen führt.
– Nach allem, was sie Ihnen angetan haben, da kann natürlich alles passieren, jedes Unglück! sagt Madame Robbe.
Er müßte ihr erklären, daß nicht die Boches schuld sind, sondern die Hitze und der mangelnde Schlaf, aber vielleicht sind in den Augen von Madame Robbe an der Hitze und dem mangelnden Schlaf ja auch die Boches schuld.
– Und noch dazu das rechte Ohr, sagt Madame Robbe, das man am meisten braucht!
Aber das alles hat am Nachmittag stattgefunden, nachdem der Sonnenfleck auf der Wand des Treppenhauses verschwunden war. Jetzt gibt es nur noch die Nacht und all diesen Schnee in seinem Gedächtnis. In Versailles hatte es keinen Schnee gegeben, nirgendwo, weder in den Büros der Präfektur noch später auf der Place d'Armes, wirklich nirgendwo. Es hatte jenes Erstaunen gegeben, als er begriff, daß er nach all diesen nutzlosen Schritten endlich einen Paß bekäme. An den Ufern des Lago Maggiore ist der Herbst von großer Schönheit, hatte man ihm gesagt.
Als er dann auf der Straße stand, hatte er eine Zigarette angezündet, und eine gewisse fröhliche Müdigkeit war über ihn gekommen beim Gedanken, daß er diesen Strudel von Tagen, diesen Abgrund des Monats Mai, des Monats Juni, des Monats Juli würde hinter sich lassen können, und jetzt ist schon August, schon drei Monate, in denen jede Nacht verlangte, verbrannt, verzehrt zu werden, um auf den nächsten Tag zu warten, auf die nächste Nacht, die nächste Flamme.

Die Idee zu dieser Reise in die Schweiz? Sie saßen auf der Terrasse eines Cafés, im Sommer, in der Nähe der Madeleine.
– Du führst ein blödsinniges Leben, sagte Jean-Marie.
– Ja, Opa, sagte er.
– Du solltest in die Schweiz kommen und dich ausruhen, sagte Jean-Marie.
Feierlich hatte er sich Jean-Marie zugewandt.
– Hör mal: du verabredest dich mit mir in der Rue Tronchet, was mich schon demoralisiert. Und bloß, um mich zu ermuntern, nach Bern zu fahren? Willst du mich wirklich zum Weinen bringen?
Sie hatten gelacht.
– Seit du im Außenministerium bist, hast du finstere Gedanken, sagte er.
Im Sommer, hinter der Madeleine.
– Nein, nicht nach Bern, sagte Jean-Marie. Wir wollen für den Winter ein Haus in Locarno mieten.
– Locarno? Wie der Pakt? sagte er.
Und Jean-Marie sagte: Genau.
– Und wie ist es da? sagte er.
Und da versicherte Jean-Marie, daß der Herbst an den Ufern des Lago Maggiore von großer Schönheit sei. Er beschrieb die Dörfer rings um Locarno, in der Wintersonne. In Solduno gebe es abgeschiedene Häuser, auf dem Hügel. In Ascona Häuser mit einem weiten Blick auf die Landschaft des Sees. Ein Haus, das sie mieten würden, ruhig, in der Wintersonne.
– Du wirst schreiben können, sagte Jean-Marie.
Und er: Warum vermutest du, daß ich ein Bedürfnis danach habe?
Eine Sekunde lang sah Jean-Marie ihn scharf an.

– Ich vermute nicht, sagte Jean-Marie, daß du ein Bedürfnis danach hast, sondern einfach Lust dazu.
Er pfiff durch die Zähne.
– Du verabredest dich mit mir an einem trübseligen Ort, du redest von der Schweiz, und du spaltest Haare. Bestimmt wirst du in der Diplomatie Karriere machen.
Sie lachten.
– Lust, Bedürfnis, könntest du dich etwas genauer ausdrükken? sagte er.
– Lust, alles zu sagen, alles zu erzählen, Zeugnis abzulegen. Ein großes Gemälde. Nach einer bestimmten Vorstellung von Literatur, ihrer Rolle. Das ist doch ganz einfach, sagte Jean-Marie.
Er schüttelte den Kopf.
– Dann werde ich dich in Erstaunen setzen, sagte er. Ich habe Lust, *Mannesalter* zu schreiben.
Und Jean-Marie, regungslos: Das ist bereits geschrieben worden.
Und er: Und genau das stinkt mir.
Wieder lachten sie.
Im Sommer, in der Nähe der Madeleine, in der Sonne. Mitte Juli. Seit fünf Jahren hatte er Jean-Marie nicht mehr gesehen, aber sofort hatten sie die Möglichkeit wiedergefunden, schweigend in der Sonne zu sitzen, sich einer im Schweigen des anderen wohlzufühlen. Eine lange Komplizenschaft. Später war die Idee dieser Reise in die Schweiz aufgekommen, wobei die Schweiz nicht eigentlich ein realer Ort war, einfach ein Anderswo. Im Morgengrauen, in der ekelerregenden Müdigkeit des Morgengrauens hatte er manchmal mit diesen Bildern von Solduno, Ascona, den Ufern des Lago Maggiore geliebäugelt, die Jean-Marie beschrieben hatte. Er hatte erste Schritte unternommen, die dadurch erschwert wurden, daß seine Papiere

nicht in Ordnung waren. Heute morgen, in Versailles, waren alle diese Schritte, so könnte man sagen, endlich zum Abschluß gekommen.

Er löscht die kleine Nachttischlampe, und die Treppen von Versailles schimmern in der bläulichen Weiße des Monats August, in seinem Gedächtnis, in der Nacht, die ihn umgibt und sich, rauschend, hinter dem offenen Fenster dehnt. Er hat den Eindruck, daß er sich bald an alles erinnern wird, daß der letzte Schirm vor seinem geblendeten Gedächtnis beseitigt werden wird, gleich den Sandburgen, die man am Strand baut und die die steigende Flut sanft umspült, dann einschließt, und die plötzlich Stück um Stück einstürzen.

Vorhin, in der Apotheke, hatte er überhaupt kein Gedächtnis. Er hatte nur noch seinen Blick und eine Vielzahl bunter Gegenstände, die seinen Blick füllten. Einen Moment lang fühlte er die faszinierende, durchsichtige, völlig inhaltsleere Gewißheit seiner Existenz. Er wußte lediglich, daß er existierte, in Unkenntnis alles übrigen, einschließlich seiner selbst. Er existierte, aber er wußte nicht, wer existierte, weder warum noch wie noch mit wem, nicht einmal wo.

– Es ist der Schlag auf den Kopf, sagt er laut.

Er macht die Lampe wieder an und sucht eine Zigarette.

Schließlich, kurz nachdem Madame Robbe gegangen war, die mit sichtlicher Eile in ihren Laden zurückkehrte, bestimmt begierig, sowohl den Kunden wie – durch die in dieser Jahreszeit weit offenen Türen – den Passanten auf der Straße die Neuigkeit dieses Unfalls mitzuteilen, den als Augenzeugin miterlebt zu haben sie sich vielleicht hatte einreden können, schließlich ist jemand von seiner Familie gekommen, der einen Schlüssel zu dem Haus hatte, und er konnte sich hinlegen, während man aus Saint-Leu einen Doktor holte, soweit er verstanden hatte. Doch sobald er allein gewesen war, war er aufgestanden und hatte sich einem über dem Kamin hängenden Spiegel genähert, um sich seine Verletzung anzuschauen. Du siehst wie ein Leichnam aus, hatte er gedacht. Du siehst sogar wie ein alter Leichnam aus, hatte er gedacht. Überhaupt nicht jung, dieser Leichnam, nach dem du aussiehst, hatte er noch gedacht. Der alte Leichnam eines alten kastilischen Bauern, hatte er sich gesagt. Du hast dein zivilisiertes Aussehen verloren, hatte er gedacht, jenes Aussehen von hier, das du notgedrungen angenommen hast, du siehst wirklich aus wie der Leichnam eines alten Schafscherers aus der Provinz Zamora.

– Grüß dich alter Leichnam! hatte er laut zu sich selbst gesagt, als er sein Spiegelbild betrachtete, du hast ein hartes Leben.

Er hatte das harte Leben seines alten Leichnams gegrüßt, mit vollem Recht, wie ihm schien, wegen all jener verpaßten Gelegenheiten zu sterben, an die er sich in diesem Augenblick erinnerte, vage, ohne zu versuchen, die Einzelheiten in seinem Gedächtnis zu vertiefen, und jetzt, während er sich eine Zigarette anzündet, erinnert er sich an mehrere Schläge auf den Kopf, von denen einige zu jenen verpaßten Gelegenheiten zu sterben gehören.

Vorhin, vor dem Spiegel, hätte er, wenn er sein Haar ein wenig zurückgestrichen hätte, auf der linken Seite des Schädels die Spur eines dieser Schläge auf den Kopf sehen können, eine weiße Narbe, ziemlich breit, die fühlbar seine Schädeldecke furchte. Der Griff der Selbstladepistole war auf ihn niedergesaust, und sofort waren seine Augen voller Blut gewesen, er war von all dem Blut auf seinem Gesicht blind gewesen.

– Ich erinnere mich an den Blutgeschmack, denkt er, ich erinnere mich wirklich an den Blutgeschmack, es war keine Halluzination.

Zuerst hatte ich einen Schlag in den Nacken erhalten, vielleicht mit einem Knüppel, von dem zweiten Typ, dem, der klein und fett war, dem, der eine Brille mit Goldrand trug. Als ich die Küche betreten hatte, hatte er sich trotz seiner Beleibtheit sehr rasch hinter mich gestellt, um mir den Weg zur Tür zu versperren. Ich hatte noch Zeit gehabt, diese Bewegung wahrzunehmen sowie die Geste dieses Mannes, dessen rechte Hand in seiner Jackentasche steckte, noch bevor ich begriff, daß Fremde in der Küche waren, eine Frau und zwei Männer. Später hatte ich gedacht, daß er mir diesen ersten Schlag mit einem Knüppel versetzt hatte, als ich sah, daß sie englische Schlagstöcke hatten, die ihnen sicherlich bei einem Fallschirmabwurf in die Hände gefallen waren, aus glänzendem, biegsamem Stahl mit einer kleinen quadratischen Masse aus Stahl am Ende, Schlagstöcke, die sich auseinanderziehen ließen wie ein Fernrohr, so daß sie, zusammengeschoben, sowenig Platz wie möglich einnahmen und man sie bequem in einer Manteltasche unterbringen konnte. Kurz bevor ich jenen Schlag auf den Nacken erhielt und in die Knie ging vor dem anderen Mann, der mich mit brutalem und zugleich entsetztem Blick ansah, hatte ich die hysterischen Schreie gehört, die die Frau ausstieß, die die beiden Typen von der Gestapo begleitete. Dann hatte ich all dieses Blut in den Augen und diesen Blutgeschmack im Mund. Aber es stimmt nicht, daß man im Augenblick des Sterbens sein ganzes Leben wie einen in schwindelerregender Schnelligkeit abgespulten Film an sich vorüberziehen sieht. Ich frage mich übrigens, was das Gedächtnis und der Tod miteinander zu tun haben könnten. Das Gedächtnis und das Leben gehören zusammen. Wenn der Tod heranreift, in den lauen Stunden des Alters, erlischt gleichzeitig auch das Gedächtnis. Zuerst das Gedächtnis der jüngsten Vergangenheit, und diese Lepra des Vergessens breitet sich, langsam oder schneller, bis zur Kindheit aus. Letztlich könnte man sich einen Greis vorstellen, der, auf einer Bank im großen Hof des Hospizes von Bicêtre in der Sonne sitzend, nur noch eine einzige Erinnerung in seinem Gedächtnis hat, einen einzigen Anhaltspunkt für sein dem Ende zutreibendes Leben, die allerfernste Kindheitserinnerung. In dem reglosen Körper dieses in der Sonne sitzenden, vielleicht über einen zwischen die Knie geklemmten Stock gekrümmten Greises gäbe es nichts Lebendiges mehr außer dieser Kindheitserinnerung, dieser allerältesten Erinnerung, und um sie herum, sie umzingelnd, vollständig einkreisend, den schwarzen Tod des Vergessens. Eine einzige, vielleicht lachhafte Erinnerung, ein Sonnenstrahl auf einer Fensterscheibe in der Calle de Espalter, das gestärkte weiße Häubchen eines Kindermädchens auf dem Paseo de la Castellana, oder ein Baumzweig, der im Morgenwind schaukelte, vor dem Kristallpalast im Retiro-Park, ein wenig zur Rechten, wenn man der Allee am Teich folgt, in dem die Frösche quaken (oder aber die klangliche Erinnerung an das Quaken der Frösche, nicht einmal ein glänzendes, buntes, von der grauen Mauer des vermauerten Gedächtnisses sich abhebendes Bild, nur eine letzte klangliche Erinnerung, die an das Quaken der Frösche, die zu erforschen man schon zu alt wäre, zu hilflos, um zu versuchen, sie mit jener Erinnerung an einen in den Abgründen des Vergessens versunkenen Teich zu verbinden). Ich habe mein Leben also nicht an mir vorüberziehen sehen wie einen schwindelerregenden Film. Ich hatte einfach Blut in den Augen, im Mund, Blut auf meinem Gesicht, und ich habe mir gesagt, daß ich sterben würde.

Später, nachdem sie mir die Handgelenke mit meinem eigenen Gürtel zusammengebunden hatten, hat einer der Typen von der Gestapo, jener, der mich zum zweiten Mal geschlagen und

mir mit dem Griff seiner schweren Selbstladepistole den Schädel eingeschlagen hatte, meine Taschen durchsucht und meine Papiere gefunden.
– *Ach so!* sagt er, aufmerksam hinsehend.
Ich frage mich, warum er sein Gesicht so verzieht. Er dreht sich zu mir um, mit einem starren Lächeln und vielen Goldzähnen inmitten dieses Lächelns.
– *Ein Rotspanier*, sagt er schließlich, dem anderen Typ meine Ausweise zeigend.
In diesem Augenblick habe ich beschlossen, so zu tun, als verstünde ich kein Deutsch. Ich habe außerdem beschlossen, ein kompletter Idiot zu sein und abzuwarten.
Auch der andere Typ schaut sich meine Papiere an und nickt.
– *Diese Kerle*, sagt er, *findet man überall.*
Ich versuche gelassen zu bleiben, als ob mich das alles nichts anginge, aber ich freue mich zu hören, daß man überall Rotspanier findet. Ich freue mich, daß man mich überall findet, unendlich vervielfacht, und sie werden noch eine Menge davon zu sehen kriegen, diese Typen von der Gestapo.
Dann schaut mir der Mann mit dem vergoldeten Lächeln, der die Dinge in die Hand genommen zu haben scheint, in die Augen und brüllt.
– *Du bist ein Rotspanier!* brüllt er.
Ich rühre mich nicht, da ich ja nichts verstehe. Nun tritt die Frau heran und übersetzt.
– Sie sind ein spanischer Roter, übersetzt sie.
Es amüsiert mich, daß sie beim Übersetzen das Du aufgegeben hat. Sie scheint sich nicht wohl zu fühlen, oder besser gesagt, sie hat eine furchtsame Körperhaltung, einen verschwommenen, fliehenden Blick, und sie ähnelt auf merkwürdige Weise jemandem, den ich einmal kannte.
– Rot, sage ich zu ihr, wieso rot?

– Ein Roter, sagt sie, ein Roter der spanischen roten Armee.
Da lache ich, als hätte ich endlich verstanden, und ich starre sie an, wobei ich herauszufinden suche, wem sie zu ähneln scheint.
– Zu jung, sage ich, zu jung, um so rot zu sein.
Sie wirkt erleichtert, das zu erfahren, ihre Hände bleiben einen Augenblick ruhig.
– Aber ich kann es noch werden, sage ich, und ich weiß, wem sie ähnelt.
Fräulein Kaltenbach hatte die gleichen breiten Schultern, das gleiche klobige Gesicht, die gleichen verwaschenen Augen. Mittags und abends öffnete sie die Tür des Arbeitszimmers einen Spalt und sagte: »Kinder, Hände waschen und zu Tisch«, dann stürzte jeder von uns los, um als erster im Badezimmer zu sein.
– *Was sagt er?* fragt der Typ von der Gestapo.
Die Frau dreht sich zu ihm um und übersetzt.
– *Er sagt, daß er zu jung ist, um Rotspanier gewesen zu sein, aber daß er es noch werden kann.*
Bei diesem *gewesen zu sein* und diesem *werden* versinke ich in eine philologische Meditation, in der der Respekt vor der subtilen Genauigkeit der deutschen Sprache überwiegt.
– *Und frech dazu!* sagt der Typ von der Gestapo und sieht mich an.
Ich versuche, ihm mein dämlichstes Gesicht zu zeigen, bis zu dem Moment, wo er mich mit aller Kraft zu ohrfeigen beginnt, zuerst auf die rechte, dann auf die linke Backe, und nochmal, und nochmal. Er wird wütend und schreit Schimpfworte, und mein Kopf schaukelt hin und her.
Ich versuche mich zu erinnern, ob es Fräulein Kaltenbach war, die sich in der Toilette einschloß, um ihre englischen Zigaretten zu rauchen, oder ihre Vorgängerin, Fräulein Grab-

ner. Jedenfalls waren es Capstan-Navy Cut in flachen Metallschachteln, und in jeder dieser Schachteln befand sich ein Bild, das man in ein Album kleben konnte. Fräulein Kaltenbach, oder vielleicht war es Fräulein Grabner, kaufte ihre Zigaretten im Tabakladen in der Calle Juan de Mena, gegenüber der Apotheke, deren Besitzer Ärger mit meiner Familie gehabt hatte, welchen weiß ich nicht mehr, man löste dort keine Rezepte mehr ein, man mußte bis zur Plaza de la Independencia gehen, zu den Nachfolgern von Madariaga, *Succesores de Madariaga* stand auf dem Schild jener Apotheke. Fräulein Kaltenbach, oder Fräulein Grabner, schloß sich, da sie in unserer Gegenwart nicht rauchen durfte, in der Toilette ein, wenn meine Eltern zum Abendessen ausgegangen waren, und rauchte dort mehrere Zigaretten, eine nach der anderen. Alle Abende also hatten wir diese Ruhepause, diesen Augenblick völliger Freiheit, wenn die Eltern außer Haus waren und Fräulein Kaltenbach, oder Fräulein Grabner, sich in der Toilette einschloß, und wir nutzten die Gelegenheit für die wegen ihrer Brutalität verbotensten Spiele.

Jedenfalls ähnelte die Dolmetscherin der Gestapo Fräulein Kaltenbach, daran war für mich nicht der geringste Zweifel.

Sie versucht, nicht hinzusehen, während der Typ von der Gestapo immer wütender wird und immer stärker zuschlägt, und ich frage mich, was sie tun wird, wenn das Verhör wirklich, ernsthaft beginnt. Vielleicht wird sie es nicht aushalten. Vielleicht wird sie übersetzen, was es zu übersetzen gibt, ohne die Augen zu heben, ohne dem Geschehen zuzusehen. Oder vielleicht holen sie eine andere Dolmetscherin, wenn es um ernsthafte Dinge geht. Aber der Typ von der Gestapo hört plötzlich auf zu schlagen und zündet sich eine Zigarette an, sehr ruhig, und ich begreife, daß er überhaupt nicht wütend war, daß er nur so getan hat, daß er die Komödie der Wut gespielt hat, vielleicht um mich zu beeindrucken.

Bruno? Das war ein Italiener des MOI.
– Ich habe Bruno gesehen, sagte Hans.
Vor einem Jahr im Park Montsouris, ebenfalls im Sommer. Eine Wasserfläche schillert.
– Und? sagte ich.
Eine junge Frau kam auf sie zu, zerstreut.
– Schau hin, sagte Hans.
Was? Er schaute hin.
– Schau sie gut an, sagte Hans.
Er schaute sie an. Die schöne junge Frau. Als sie an ihnen vorbeikam, hat sie sich umgedreht. Zuerst ihr Profil. Dann ihr Gesicht von vorn. Er würde sie wiedererkennen. Sie war vorbeigegangen.
– Hast du's? sagte Hans.
Und er: Sie ist schön, das vergißt man nicht.
Hans zuckte die Achseln.
– Morgen, sagte er.
Und er nannte ihm den Ort des Treffens, das Kennwort.
– Warum nicht auf der Straße? sagte er.
Hans zuckte die Achseln.
– So ist es vorgesehen, sagte Hans.
– Im Freien ist es mir lieber, sagte er.
Auf der Straße, in einem Park, entlang eines Gitters bewegt man sich frei. Die anderen auch. Man mischt sich unter die Passanten, man wird grau, der Schatten der Bäume schützt einen, man spürt, wie die Dinge auf einen zukommen. In einem Treppenhaus, vor einer Tür dagegen ist es eine Mausefalle, wenn es schiefgeht. Es kann immer schief gehen.
– Ist es das neue Metier, sagte Hans, oder wirst du nervös?

Sie lachten.
Und er: Natürlich das Metier.
Fast hätte er ihm etwas anvertraut, er hielt sich zurück.
Die Treffpunkte, die Waffen, die Attentate, das Gepäck, die Polizeisperren, die *Feldgendarmen*: eine kalte Welt, in der für Angst kein Platz war. Ein Anderer spazierte darin herum, er selbst. Ein kalter Blick auf diesen Anderen und auf diese kalte Welt. Angst? Sie war unvorstellbar, sie verfing nicht. Das ist alles. Hätte Hans es geglaubt?
– Und? sagte er.
Er dachte an Bruno. Aber Hans an die junge Frau.
– Findest du sie hübsch?
Und er: Schön, das sagte ich schon.
Hans wollte sprechen.
– Sag mir nichts, sagte er.
Hans schwieg.
Es war eine Frau, sie würde ihn morgen erwarten, an einem bestimmten Ort. Er wollte nichts über sie wissen. Auch nichts von dem, was Hans über sie zu sagen gehabt hätte. Morgen würde er in ein Mietshaus gehen, Rue Visconti, er würde an eine Tür klopfen, er würde einen törichten Satz sagen, man würde ihn hereinbitten, die junge Frau wäre da, sie hätte ihm Dinge mitzuteilen. Das war alles. Hans wußte über die Leute immer Dinge, die die Zeit, das Gedächtnis verdichteten, trübten.
– Bruno? sagte er.
Ein Jahr zuvor im Park Montsouris, ebenfalls im Sommer, hatte ihm Hans von Bruno erzählt, jenem Italiener des MOI. Bruno war von der Gestapo verhaftet und gefoltert worden, bevor ihm während einer Verlegung die Flucht gelang. Er hatte Hans gesagt, wie sich die Dinge tatsächlich abspielen, was man einem antut. Bruno hatte gesagt, sagte ihm Hans, daß

man an diese Prüfung mit Wut und Haß herangehen müsse. Sie hatten diese Frage auf äußerst systematische Weise erörtert, als handelte es sich um ein philosophisches Thema, auf das sie sich für einen Aufsatz im Gymnasium vorbereiten müßten. Das war ihre pedantische Ader. Das heißt, es war die abstrakte Strenge ihrer Jugend, ihrer mangelnden Erfahrung.
Dennoch begann ich zu argwöhnen, daß die Folter etwas ganz anderes war, als die Typen von der Gestapo mich in den Schuppen von Irènes Haus in Epizy brachten, nachdem sie ihre Zigaretten ausgeraucht hatten. Sie haben mir die Hände auf dem Rücken zusammengebunden, mit Handschellen, die der kleine Dicke aus dem auf dem Treidelweg geparkten Wagen geholt hatte. Danach, in dem Schuppen, haben sie mich mit einem Seil an den Hauptbalken gehängt, einem dicken Seil, das an der Stahlkette der Handschellen befestigt war. Das ganze Gewicht des Körpers – im Ungleichgewicht wegen der auf dem Rücken gefesselten Hände – lastete auf den Muskeln der Arme und Schultern, und man durfte sich vor allem nicht bewegen, es machte die Dinge nicht besser, wenn man sich bewegte. Da habe ich zu argwöhnen begonnen, daß die Folter, das heißt dieser kleine, ganz einfache Anfang von Folter, etwas völlig anderes war als ein Diskussionsthema. Es war die Entdeckung seiner selbst im Schmerz und die Entdeckung, daß der Schmerz unerschöpflich ist, daß es immer noch ein wenig mehr Schmerz gibt, von anderer Qualität, nach dem Schmerz, den man hat überwinden können.
Ich betrachtete die Kaninchenfelle, die zum Trocknen am Hauptbalken des Schuppens hingen, und ich dachte daran, daß in mindestens drei von ihnen Waffen versteckt waren. Es war Irène, die sich dieses Versteck ausgedacht hatte. An jenem Tag, dem Tag des anderen Schlags auf den Kopf, waren in mindestens drei Kaninchenfellen Waffen versteckt. Es befanden

sich auch Sprengstoff und »Sten«-Maschinenpistolen in dem etwa zehn Meter vom Haus entfernt ausgehobenen Kartoffelkeller.
Und da beiße ich die Zähne zusammen und koste den Gedanken aus, daß ich absoluter Herr über diese Reichtümer bin. Es liegt nur an mir, daß heißt, es liegt nur an meinem Schweigen, daß diese Reichtümer nicht verlorengehen. Und es geht nicht nur um diese fettglänzenden, von Michel liebevoll gepflegten Waffen. Es geht um viel mehr. Heute ist Julien in Appoigny, auf dem Gehöft der Lautret, deren Tochter er den Hof macht. Vielleicht macht er gerade mit diesem Mädchen, das ich nicht kenne, einen Spaziergang auf den herbstlichen Pfaden. Vielleicht umarmen sie sich genau in diesem Augenblick und sind davon überzeugt, wer weiß, daß sie sich wirklich lieben. Vielleicht wölbt sich der Septemberhimmel über den geschlossenen Augen der hinter irgendeiner Hecke Beieinanderliegenden. Vielleicht hat er gerade eine Zigarette angezündet und sie daran ziehen lassen, diese Tochter der Lautret, der er den Hof macht. Vielleicht lacht sie ganz dumm, wie Frauen oft lachen, wenn sie glücklich sind. Vielleicht sind ihre Hände ineinandergeschlungen, und vielleicht beben sogar die herbstlichen Bäume rings um sie her, über ihren Augen. Vielleicht ist es das Glück, das, was man das Glück nennt? Und das alles wird von meinem Schweigen beschützt, dieser ganze Reichtum gehört mir. Juliens Freude und Juliens Lust und das Lachen dieses Mädchens sind die Reichtümer meines Schweigens. Und die Bäume um sie herum, die goldenen Hecken des Herbsts und das Zwitschern der Vögel und das Murmeln der Quelle, falls es eine Quelle gibt, sind die Reichtümer meines Schweigens. Ich werde die Zeit verstreichen lassen, und Julien wird dieses Mädchen zum Gehöft zurückbringen, und Vater Lautret wird ihn natürlich bitten, einen Schnaps mit ihm zu

trinken, und Julien wird sich wieder auf sein Fahrrad setzen und nach Joigny zurückfahren, glücklich über seinen Tag, und niemand wird mir Juliens Glück entreißen können, wenn ich, ganz einfach, schweige. Ich brauche nur den Mund zu halten, noch eine Minute, und noch eine Sekunde nach dieser ersten Minute des Schweigens, und noch eine dritte Minute, und so fort, von Minute zu Minute und von Stunde zu Stunde, und die Reichtümer meines Schweigens werden sich mehren. Je länger ich stumm bleibe, desto mehr bereichere ich mich an all den Dingen, die mein Schweigen beschützt. Die Typen von der Gestapo dagegen werden immer ärmer werden, mehr und mehr von allem entblößt. Ich entreiße ihnen den Baum, unter dem Julien liegt. Ich entreiße ihnen den Septemberhimmel über Juliens geschlossenen Augen. Ich entreiße ihnen die herbstlichen Gräser, die Julien mechanisch zerreibt, während er dieses Mädchen streichelt. Ich entreiße ihnen die Freude dieses Mädchens, von Julien gestreichelt zu werden. Nach und nach beraube ich sie durch mein Schweigen ganz einfach der Welt, ich zwinge sie, nur Phantome zu sein, in einer Landschaft schwebend, in der alle Reichtümer mir gehören.
Vielleicht haben die Typen von der Gestapo gespürt, daß sie alles verlieren würden, wenn sie mein Schweigen sich weiter bereichern ließen, und sie machen das Seil los, und ich falle brutal auf den Schuppenboden aus gestampfter Erde, und ich rühre mich nicht und warte. Bruno hatte zu Hans gesagt, man müsse an diese Prüfung mit Wut und Haß herangehen, aber bisher, vielleicht weil die ernsten Dinge noch nicht begonnen haben, empfinde ich nur Neugier.

Die Erinnerung an den Schlag auf den Kopf, in Joigny, 1943, hat nur so lange gedauert, wie man braucht, um eine Zigarette zu rauchen, und er findet sich in seinem Schmerz wieder, in

seiner Schlaflosigkeit, da er diesmal aus einem Zug gefallen ist, was immerhin sehr viel banaler ist, als von der Gestapo niedergeschlagen zu werden.
Als der Doktor aus Saint-Leu eintraf, hat er ihm als erstes eine Beruhigungsspritze gegeben. Er hat sich lange untersuchen lassen, und die Hand des Doktors belebte erneut die Schmerzen entlang der Wirbelsäule. Er schien sich wirklich nichts gebrochen zu haben, ein wahres Wunder, hat der Doktor gesagt, aber man müsse die Röntgenaufnahmen abwarten, um sicher zu sein. Dann hat der Doktor aus Leu die Wunde an seinem Ohr desinfiziert, und da hat er die Zähne zusammengebissen. Man werde operieren müssen, hat der Doktor gesagt, aber das sei erst am nächsten Tag möglich.
– Ich werde Ihnen einen provisorischen Verband anlegen, hat der Doktor gesagt.
Er hat genickt und dabei, hinter dem offenen Fenster, den sich verdunkelnden Augusthimmel angeschaut.
– Die Nacht wird nicht heiter sein, hat der Doktor noch gesagt.
Er hat die hereinbrechende Nacht betrachtet.
– Als Sie wieder zu Bewußtsein kamen, sagt der Doktor, da hatten Sie also das Gedächtnis verloren?
Er macht ein Zeichen der Zustimmung.
– Erklären Sie, sagt der Doktor.
Er hat Schmerzen. Er fängt an, es ermüdet ihn. Da gab es Gegenstände, eine winzige Welt bunter, aber unbenennbarer Gegenstände.
– Lange? sagt der Doktor.
Er weiß nicht, wie lange dieser Gedächtnisschwund gedauert haben mag. Er sagt es dem Doktor.
– Ich weiß nicht, sagt er. Nicht sehr lange, glaube ich.
Der Doktor sieht ihn noch immer aufmerksam an.

– Wie ist es wiedergekommen? sagt er.
– Ich habe versucht, allen Dingen ringsum einen Namen zu geben, und da ist es wiedergekommen.
Einen Namen dem Tag, es war Montag. Einen Namen dem Monat, es war August (das heißt *agosto*). Einen Namen dem Jahr, es war 1945. Einen Namen dem Ort, es war Saint-Prix, genauer Gros-Noyer-Saint-Prix. Und alle Namen sind gekommen in schimmernden Trauben, in Wirbeln, die Namen der Dinge und die Namen der Geräusche, alle Namen der Welt. Und zum Schluß auch sein eigener, sobald die Welt benannt war.
– Ist es ganz und gar wiedergekommen? sagt der Doktor.
Das ist natürlich eine unsinnige Frage, auf die zu antworten müßig ist. Wie soll man wissen, ob das Gedächtnis ganz wiedergekommen ist? Vielleicht gibt es Gesichter, die für immer und ewig erloschen sind, oder die Gerüche eines Tags oder ein Licht zwischen Eukalyptusstämmen. Entschwunden, für immer und ewig, wie soll man das wissen? Die Zeit eines ganzen Lebens würde nicht ausreichen.
Der Doktor insistiert nicht. Er bietet ihm eine Zigarette an, und sie rauchen schweigend.
– Sie kommen aus Deutschland zurück? sagt der Doktor.
– Das ist schon alt.
– Alt?
Der Doktor sieht ihn erstaunt an.
– Schon drei Monate, sagt er.
Mai, Juni, Juli. Dreimal dreißig Nächte. Man hört dröhnende Stimmen im Nebenzimmer.
– Jetzt, sagt der Doktor, wird der Krieg zu Ende sein.
Er spürt, daß in diesem Jetzt eine präzise Anspielung steckt, das heißt die Anspielung auf irgendein präzises Ereignis. Er spürt, daß dieser Doktor keinen sonst ziemlich wahrschein-

lichen Gemeinplatz äußert, sondern auf etwas ganz Bestimmtes anspielt.
– Jetzt?
Im Nebenzimmer übertönt plötzlich die Stimme von Madame Robbe das Dröhnen der anderen Stimmen.
– Ach! sagt der Doktor, Sie wissen es noch nicht?
Er schüttelt den Kopf. Er weiß es noch nicht.
– Die Amerikaner haben eine Bombe über Japan abgeworfen, eine ganz unglaubliche Waffe.
Der Doktor zieht an seiner Zigarette.
– Etwas Furchtbares, sagt er fast leise. Eine einzige Bombe, und eine ganze Stadt ist ausgelöscht worden, Zehntausende von Toten.
Der Doktor hat graue Augen und mit einemmal bange Schatten in seinen grauen Augen.
– Eine einzige Bombe, können Sie sich das vorstellen? sagt der Doktor.
Er fragt sich dunkel, den Doktor und den angstvollen Schatten in seinen hellen Augen ansehend, warum er es ungeheuerlicher zu finden scheint, daß man eine Stadt mit einer einzigen Bombe neuer Art auslöscht als mit vielen Bomben bekannter Art.
Tote Städte? Davon hatte er einige gesehen, auf dem Weg der Heimkehr. Frankfurt, eine Steinwüste.
– Was für eine Bombe?
– Ich habe es nicht genau verstanden, sagt der Doktor. Sie reden von Atomenergie.
Auch er versteht nicht genau, was das heißen soll. Im übrigen gibt er sich auch keine Mühe, es zu verstehen. Er denkt, daß, was immer das Geheimnis dieser Bombe sein mag, das Faktum besteht. Eine einzige Bombe, die es ermöglicht, eine ganze Stadt auszulöschen.

Die durchdringende Stimme von Madame Robbe übertönt noch immer das Getöse im Nebenzimmer. Allmählich irritiert sie ihn.
– Wie heißt diese Stadt?
– Die japanische Stadt? sagt der Doktor.
– Ja.
– Hiroshima, sagt der Doktor.
Ein Gebirgsname, denkt er. Auch ein Blumenname, oder ein Frauenname. Ja, es könnte ein Frauenname sein. Er versucht, sich die Karte Japans vor Augen zu führen, aber dieser Städtename sagt ihm nichts, er ist außerstande, diese Stadt irgendwo unterzubringen.
– Man sollte Madame Robbe zum Schweigen bringen, sagt er.
Der Doktor sieht ihn an.
– Madame Robbe?
Er deutet auf die Tür zum Nebenzimmer.
– Diese Stimme ist nervtötend. Sie kennen Madame Robbe nicht?
Der Doktor lächelt, nickt.
– Doch, sagt der Doktor. Die Krämersfrau, jeder kennt sie. Sie verbreitet das Gerücht, Sie hätten sich umbringen wollen.
– Wie, sagt er, schon in Saint-Leu?
– Nein, bei Ihrer Ankunft. Ich war kurz in ihrem Laden, um Streichhölzer zu kaufen. Sie erzählte das.
– Also der Krankenwärter, sagt er. Ich weiß nicht, wie er auf diese Geschichte gekommen ist.
– Sie erzählte, Sie wären mit einer unheilbaren Krankheit aus Deutschland zurückgekehrt, und deshalb ...
Er zuckt die Achseln, er hat nicht die Absicht, sich damit zu befassen.
– Es gibt Leute, sagt der Doktor, die mögen Ereignisse. Und ein Selbstmordversuch ist ein Ereignis.

Jetzt hört man nur noch die Stimme von Madame Robbe, ein undeutliches, aber schrilles Dröhnen. Im Nebenzimmer scheint alle Welt stumm Madame Robbe zu lauschen. Bestimmt wiederholt sie vor diesem vielleicht aus schierer Ergebung ins Unvermeidliche aufmerksamen Publikum ihre Version des Unfalls.
– Die Operation wird morgen in einer Klinik in Montlignon vorgenommen, sagt der Doktor.
Er hat nichts einzuwenden, er schweigt.
– Ich werde Sie gleich dort anmelden, sagt der Doktor.
Er sieht den Doktor an, der ein dickes Notizbuch aus seiner Tasche zieht.
– Mora, wie wird das geschrieben? Em, o, er, a? sagt der Doktor.
– Ja, sagt er.
– Ihr Vorname? fragt der Doktor und beginnt in sein dickes Notizbuch zu schreiben.
– Manuel, sagt Manuel.
Der Doktor schreibt.
– Wo geboren und wann?
– Madrid, sagt Manuel, neunzehnhundertvierundzwanzig.
– Beruf?
Er zuckt die Achseln.
– Student, sagt der Doktor, ich werde Student eintragen.
Der Doktor sieht sich die Wunde an seinem Ohr an und trägt noch ein paar Wörter in sein Notizbuch ein.
– Haben Sie andere Kopfverletzungen gehabt?
Manuel fährt mit der Hand über seine Stirn.
– Ja, sagt er, ein Autounfall, und dann noch ein anderes Mal.
– Was war das andere Mal?
– Nichts, sagt Manuel.
Der Doktor sieht ihn an.

– Sind Sie auch bei diesen ersten Malen ohnmächtig geworden und haben das Gedächtnis verloren?
– Ich glaube nicht, sagt Manuel, ich erinnere mich nicht mehr.
Das heißt, er glaubt sich zu erinnern, daß er einmal, aber nicht bei jenem Autounfall im Juni vierzig und auch nicht während seiner Verhaftung durch die Gestapo, sondern ein anderes Mal vorübergehend das Gedächtnis verloren hat, nach einem Schlag auf den Kopf. Er glaubt, sich dunkel daran zu erinnern, aber das sagt er dem Doktor nicht, er hat zu große Schmerzen, er möchte allein sein.
Der Doktor sieht ihn an und steht auf. Vielleicht hat er verstanden, daß er allein sein möchte.
– Morgen früh um acht hole ich Sie ab und bringe Sie nach Montlignon.
– Ja, sagt er.
Er betrachtet den Augusthimmel durch das offene Fenster, und plötzlich überkommt ihn Angst, als er sieht, wie dieser Himmel sich verdunkelt, wie an dem stellenweise noch durchsichtigen Himmel über dem Garten die Nacht heraufzieht. Ein irrer Wunsch durchzuckt ihn, nämlich daß dieser Himmel sich nicht mehr verändern möge, daß diese Dämmerung bis morgen um acht andauere, daß es diese dunklen Stunden nicht gebe, diese Einsamkeit zwischen diesem dahinschwindenden Augenblick und jenem Augenblick morgen, wenn der Doktor ihn abholen wird, um ihn in die Klinik zu fahren. Er möchte diese Zeitspanne tilgen, diese vor ihm liegende nächtliche Wüste, oder aber, vielleicht, sofort in Schlaf sinken.
Aber er ist in die Schlaflosigkeit gesunken und in jene undeutliche Obsession von Schnee und Flieder.

Auf der Rückfahrt aus Versailles, am frühen Nachmittag, hatte er, bevor er den Zug nach Saint-Prix bestieg, aus einer Telefonzelle in der Gare du Nord Laurence angerufen.
– Ja? hatte sie sofort geantwortet, noch bevor das erste Klingelzeichen verklungen war.
– Ich bin's, hatte Manuel gesagt.
– Wo bist du? fragte Laurence hastig.
Und er: In der Gare du Nord.
Und sie: Weshalb?
Und er: Im allgemeinen steigt man in Bahnhöfen in einen Zug.
Sie hatte tief Luft geholt, am Ende der Leitung. (Manuel hatte das tiefe Luftholen, oder den Seufzer, von Laurence gespürt, und sofort hatte er sich über sich selbst geärgert, wegen dieser Redensart, »am Ende der Leitung«, die ihm automatisch in den Sinn gekommen war, wie ein lautloser, ein wenig gelangweilter Kommentar zu seinem Telefongespräch.)
– Was hast du? hatte er mit absichtlich schrofferer Stimme gefragt.
– Immer fährst du weg, sagte Laurence.
– Es muß sein, ich werde es dir erklären.
– Das auch, immer erklärst du.
– Ich rufe dich morgen an, ich komme morgen zurück.
– Du bist nicht liebenswürdig.
– Was liebenswürdig?
– Deine Stimme, sagte Laurence.
– Ich mag das Telefon nicht, Leute warten, das ist alles.
Eine Sekunde lang herrschte Schweigen am Ende der Leitung.
Er befand sich in der Telefonzelle, er sah das Kommen und Gehen im Bahnhof durch die Scheibe der Telefonzelle. Eine Frau kam angerannt, näherte sich einem Schalter, sprach mit

dem Beamten, während sie in ihrer Handtasche wühlte, aber der Beamte machte eine Handbewegung, wie um ihr etwas zu zeigen, und die Frau trat zwei Schritte zurück, hob den Kopf und schaute auf die Inschrift über dem Schalter, und diese Inschrift besagte, daß an diesem Schalter nur Erste-Klasse-Fahrkarten ausgestellt werden, und sicherlich hatte die Frau eine Zweite-Klasse-Fahrkarte lösen wollen, denn sie rannte von diesem Schalter weg, und der zweite Beamte, hinter dem zweiten Schalter, drehte den Kopf etwas zur Seite, vielleicht um die Worte der Frau besser hören zu können, und legte einen Zigarettenstummel auf den Rand seines Zahltischs und setzte seinen Fahrkartendrucker in Gang, und die Frau hielt ihm Geld hin, sie nahm ihre Fahrkarte, sie rannte zu den Bahnsteigzugängen, sie war verschwunden. Aber es hatte Dutzende anderer winziger Ereignisse gegeben, während er mit Laurence telefonierte, Abschiedsküsse, eine Frau, deren Koffer zu Boden fiel, weil der Griff abgebrochen war, eine Gruppe Soldaten, denen ein ordenbehangener Herr Worte sagte, die kaum verhohlene Heiterkeit auslösten bei einem von ihnen, der sich hinter seinen Gefährten versteckte, um ungenierter lachen zu können. Manuel hatte die Nummer von Laurence gewählt, und er hatte die Stimme von Laurence gehört, noch bevor das erste Klingelzeichen verklungen war, als wäre Laurence ganz nah am Telefon gewesen, in Erwartung des Anrufs, und dieses Bild von Laurence, die am Telefon sitzt und auf den Anruf wartet, oder aber auf dem Bett liegt, mit dem Telefon inmitten der Zeitungen, Papiere, Bücher, die sie immer umgaben, wenn sie sich nachmittags hinlegte, dieses mögliche, sehr deutliche Bild hatte ihn verdrossen, das heißt der Gedanke, daß Laurence auf seinen Anruf wartete, als wäre dieses Warten von Laurence ein Eindringen, ein Mißbrauch, etwas, was ihn binden würde, etwas

Aufgenötigtes, und heute war ihm nicht danach, dieses besitzergreifende Warten von Laurence hinzunehmen. Er telefonierte mir ihr, und er sah das Kommen und Gehen in der Gare du Nord, und jetzt herrschte Schweigen, und er stellte sich Laurence in dem großen, ruhigen Zimmer vor, mit den Bäumen eines Klostergartens dicht hinter dem geöffneten Fenster, und er hätte wetten können, daß Laurence dieses Schweigen absichtlich immer drückender werden ließ. Auch das war eine Art und Weise, ihm ihre Abwesenheit aufzunötigen, aber vielleicht war er heute sehr ungerecht gegenüber Laurence. Laurence? Auf dem Bett liegend, das ist möglich. Weich und kühl bei der blinden, die Hingabe ihres bald bebenden Körpers erkundenden Berührung. Draußen die Bäume.
– Warum bist du heute nacht weggegangen? fragt Laurence.
Und Manuel, die Augen wieder auf die Gare du Nord, ihr Kommen und Gehen öffnend:
– Hör zu, darüber wollen wir doch bestimmt nicht jetzt reden.
– Wann fährt dein Zug? fragt Laurence sehr schnell.
– In einer dreiviertel Stunde, sagt er, und er bereut sofort, die Wahrheit gesagt zu haben, er bereut, nicht so geistesgegenwärtig gewesen zu sein, ihr zu antworten, der Zug fahre in fünf Minuten, denn er weiß, daß sie kommen wird, sie hat gerade noch Zeit, vor Abfahrt des Zugs nach Persan-Beaumont einzutreffen.
– Ich komme, hat Laurence gesagt, natürlich.
– Wo denn? sagt Manuel entnervt.
– Vor den Vorortsschaltern, warte auf mich, und sie legt auf.
Er verläßt die Telefonzelle und zündet eine Zigarette an.
Heute nacht? Laurence hat ihm soeben gesagt, *immer erklärst du*, aber er weiß nicht, ob es ihm gelingen wird zu erklären, warum er in der Nacht weggegangen ist. Er weiß nicht einmal, ob er Lust haben wird, es ihr zu erklären. Was? Der Reihe

nach sind die Dinge unsagbar. Was zuerst? Nicht mit dem Erwachen, mitten in der Nacht hat es angefangen. Dieses Erwachen hatte ein Traum, etwas anderes hervorgerufen. Das Erwachen ist eine Folge, vielleicht sogar ein Ende. Im Dunkeln, klamm, von abscheulichem Frösteln gepackt. Er hat die reglosen Stunden vorhergesehen, bis zum rosigen Grau des Tagesanbruchs. Die Vögel, die Glocken, den Garten, das Rauschen. Aber was sagen?

Draußen war er nach links abgebogen, zum Boulevard des Invalides, und er war weitergegangen. Immer weiter, jeder Angst ledig, verfügbar. Der Carrefour Vavin war nicht mehr der Mittelpunkt der Welt, es war ein nächtlicher, fast menschenleerer Ort. Im *Petit Schubert* drehten sich die Paare in einem Aquariumlicht, langsam, endlos, hätte man meinen können, wenn man sie mit dem Blick einfing, erstarrt im unendlich minutiösen Delirium des *blues*. Paare, einige bekannte, das heißt entzifferbare Gesichter. Er war an der Bar geblieben. Man spielte nicht mehr die Musik von früher, von vor zwei Jahren, drei Jahren. Er trank.

Vor zwei Jahren, drei Jahren war jenes Mädchen auf ihn zugegangen, oder er auf sie, sie hatten sich im Laufe der Nacht näher kennengelernt, in einer Wohnung nahe der Rue Boissière, wo sie alle bis zum nächsten Tag ausharren mußten, bis zum Tagesanbruch, bis zum Ende der Ausgangssperre. Sie hatten getanzt. Die Männerstimme, tief und rein, hatte *I want the waiter* gesungen, leibhaftig, nicht der Berührung der Rillen einer Schallplatte, eines trockenen und brüchigen Materials durch eine Nadel, sondern der Kehle eines Mannes entsprungen, der Dichte des Lebens, unsterblich, oder stets imstande wiederaufzuerstehen, im Rauch, im Dunst, in der Verzweiflung. Das junge Mädchen hatte ihm neue Tanzschritte beigebracht, mit ernsthafter Miene, und am nächsten

Tag fuhr er mit Hans weg, um die Schleusen des Burgundkanals zu sprengen. Das Glück, jenes Gleichgewicht zwischen diesem Verlust und dieser Wiederherstellung, ein doppelter Taumel. Das junge Mädchen, das mit ernstem Gesicht in jener abgedämpften Wohnung an der Metrostation Boissière tanzte, fuhr am nächsten Tag ebenfalls weg, jedoch in die Ferien, aufs Land, nach Sombernon. Welch ein Zusammentreffen, dieselbe Region! Er hatte ihr gesagt, daß er die Schleusen des Burgundkanals sprengen werde, und sie hatte gelacht. Eine kupferfarbene Nacht, die sich langsam um die scheinbar bewegungslose Achse ihrer beiden Körper drehte. Sombernon, sagte er ihr ins Ohr. Ein schattiger Name, vom Rauschen eines Hochwalds durchzogen. Später hatte sie ihm einen Brief geschrieben, in einer ungelenken Handschrift, einen kindlichen Brief voll orthographischer Fehler. Eine Folge in sich verschlossener Wörter, in denen keine Flamme brannte. Wenn sie tanzte, ja. Er hatte beschlossen, sie nicht wiederzusehen, bewahrte lieber die Erinnerung an ihre Wangen, ihren Atem, ihre schwebende Ernsthaftigkeit. An ihren reglosen, beim Klang jener Musik bebenden Körper und an die ruhige, strahlende Stimme, die *I want the waiter* sang.

Aber man spielt nicht mehr die Musik von früher, er trank.

Gegen drei Uhr nachmittags ist er also vor den Vorortsschaltern der Gare du Nord auf und ab gegangen, auf Laurence wartend, die er durch mangelnde Schlagfertigkeit hergelockt hatte. Er würde versuchen müssen zu erklären, warum er in der Nacht wie ein Verrückter weggegangen war – du gehst weg wie ein Verrückter, hatte sie geschrien, in dem großen Bett sitzend, ein Laken über den Knien, auf die sie ihr Kinn stützte –, oder aber gar nichts versuchen, ihr nur sein stummes Gesicht entgegenhalten, oder sein Lachen, das eine andere Form von Stummheit wäre. Vielleicht wird er am Ende be-

schließen, darüber zu lachen, als könnte man, ein klein wenig mogelnd, diese nächtliche Flucht durch Lachen verharmlosen. Oder vielleicht sollte er sich gehen lassen, einfach der Zärtlichkeit nachgeben und Laurence in die Arme schließen, wenn sie, fast laufend, an den Vorortsschaltern ankäme. Sie wäre glücklich, da man sie für Verlobte halten könnte, vielleicht sogar für ein junges Ehepaar, eng umschlungen inmitten des Gewühls der Reisenden, inmitten leerer oder aufmerksamer, zärtlicher oder haßerfüllter Blicke. Dutzender Blicke, die ihrer Umarmung reale Konsistenz verliehen, und manchmal würde ein Kind sie anrempeln, im Schlepptau seiner Mutter, die Hand in der mütterlichen Hand, und es ruhte auf ihnen der neugierige oder idiotische oder vielleicht sogar entzückte Blick dieses unbekannten Kindes.
Es war etwa fünfzehn Uhr fünfzehn, Laurence ist gekommen. Sein Zug fuhr um fünfzehn Uhr fünfunddreißig. Er würde keine Zeit haben, noch heute zum Kommissariat von Taverny zu gehen, aber er hatte beschlossenen, in Saint-Prix zu übernachten und diese Angelegenheit der Wohnsitzbescheinigung gleich am nächsten Morgen zu regeln. So hätte er einen ruhigen Abend vor sich, eine lange Nacht des Schlafs.
Laurence ist gekommen, und er hat sie nicht in die Arme geschlossen.
Laurence ist fast laufend zu ihm gekommen, wie er es sich vorgestellt hatte, und kaum stehengeblieben, hat sie ihm gerade in die Augen geschaut und gesagt, daß sie ihn liebe.
– Ich liebe dich, hat Laurence gesagt.
Zuerst begriff er den Zusammenhang nicht. Es war ihm ungemein peinlich.
– Ich sehe den Zusammenhang nicht, hat er gesagt.
– Aber ja, sagte Laurence, ich liebe dich, das ist alles.
Sie machte eine Handbewegung, als stünde diese Liebe, die

ihm entgegenzubringen sie erklärt, in offenkundigem Zusammenhang mit allem, was sie umgibt, mit den Reisenden, und dem Gepäck der Reisenden, und den Hunden der Reisenden, und den Schaltern, wo die Reisenden ihre Fahrkarten lösen, mit den Stimmen, und dem Pfeifen der Lokomotiven, und der Welt jenseits der Lokomotiven, am Ende der Fahrt der Lokomotiven, und mit dem Himmel, in dem sich der weiße und graue Rauch verlieren wird, der manchmal in keuchendem Rhythmus und dann in schwärzeren und dichteren Schwaden all diesen durch die Welt fahrenden Lokomotiven entwich. Sie liebt ihn, das ist alles.

– Schon gut, sagt er.

Ihm ist klar geworden, daß Laurence beschlossen hat, ihm keine Fragen zu stellen (zumindest nicht heute, denn in ein paar Tagen, wenn es ihr gelingt, jene Nacht der Abwesenheit auszulöschen, jene Stunde, in der er wie ein Verrückter weggegangen ist, wenn sie das, was sie unser Glück nennt, wieder aufgebaut hat, wird sie bestimmt darauf zurückkommen). Sie hat beschlossen, die Tatsache, mitten in der Nacht ein Zimmer, ein Bett zu verlassen, sich anzuziehen und wortlos zu fliehen, als etwas ganz Normales, völlig Unbedrohliches zu betrachten.

Und da denkt er, daß diese große Güte ihn quält.

– Ich fahre in die Schweiz, sagt er.

Sie sieht ihn an.

– In die Schweiz, einfach so, ohne Gepäck, von der Gare du Nord?

Er sagt, nein, er werde in zwei Wochen fahren, sobald er einen Paß, ein Visum hätte, und er habe keine Ahnung, von welchem Bahnhof man in die Schweiz fahre.

Welcher Bahnhof? Einmal, vor langer Zeit, ist er aus Genf kommend in Paris eingetroffen. Es war Anfang des Frühjahrs, und anhand einer raschen Berechnung würde er behaupten können, daß es 1937 war. Er erinnert sich an die Reise, die Ankunft, das zarte Grau in Grau der Ankunft. Auch an das Hotel, Rue Blaise-Desgoffe, wo sie die Nacht verbracht hatten. Aber nicht an den Namen des Bahnhofs. Er vergißt Laurence, er versucht sich zu erinnern, welchen Weg sie im Taxi zurückgelegt hatten von dem Bahnhof, dessen Namen er nicht weiß, zu dem Hotel, dem *Victoria Palace-Hôtel*, Rue Blaise-Desgoffe. Schon immer hat er ein sehr genaues Gefühl für den Raum und die Orte im Raum gehabt. Jede Stadt, die er, wenn auch nur ein einziges Mal, durchquert hatte, lieferte ihm sofort die Anhaltspunkte – eine Statue, ein Platz, die Baumgruppen eines gepflegten Parks, eine Leuchtreklame ermöglichten es ihm noch Jahre später, die großen Bewegungs- und Erkundungsachsen in dieser unbekannten Stadt wiederzufinden. Damals, 1937, kamen sie aus Genf, sein älterer Bruder und er, in Begleitung einer alten Dame, der Mutter von Gouverneur Paulding. Halt. Ich weiß nicht mehr, ob diese alte Dame die Mutter von Gouverneur Paulding oder die Mutter der Frau von Gouverneur Paulding war. Die alte Dame war mager und trug ein dunkles Reisekleid, mit etwas Weißem irgendwo. Das Weiß irgendwo an diesem Kleid ist unleugbar. Sie ist mit uns in den Speisewagen gegangen, und dort gab es auf der Speisekarte geschmorten Chicorée. Wir aßen sie zum ersten Mal, mein älterer Bruder und ich. Die Bitterkeit der geschmorten Chicorée. In Spanien war die Chicorée unbekannt, zumindest in der damaligen Zeit. Sie sprach mit uns während des Essens im Speisewagen. Sie hatte einen leichten amerikanischen Akzent, es war tatsächlich die Mutter von Gouverneur Paulding. Daher vermute ich, daß sie an jenem Morgen aus Ferney-Voltaire gekommen war, um mit uns in den Zug aus Genf zu steigen und uns nach Paris zu begleiten.

Sie war frühmorgens aufgestanden in dem großen Haus ihres Sohns, des Gouverneurs Paulding, in Ferney. Die alte Dame trank lächelnd eine Tasse sehr starken Tee, ohne Zucker, vielleicht sogar im Stehen, unverwüstlich, bevor sie uns in Genf abholte. Noch Nebel über den Wiesen hinter dem Haus von Gouverneur Paulding, jenseits des Bachs. Später die Rabenschwärme. Das Haus, noch in diese Nebelschwaden gehüllt, sein knackendes Gebälk. Ich erinnere mich. Am Ende des Dorfs Ferney, ein paar hundert Meter entfernt, das Schweizer Grenzhaus. Am Abend, wenn der Nebel wiederkehrte, klappte das Haus seine Fensterläden zu, ließ in den großen Kaminen Scheite aufflammen. Wir aßen geröstete Maiskolben, zum Beispiel. Das Haus von Gouverneur Paulding, in Ferney, war eine Heimstatt. Wenn Sie verstehen, was ich meine. Natürlich lag es an ihm, an der vollkommenen Schlichtheit seines Sicheinfügens in das Leben und an seiner Auseinandersetzung mit dem Leben. Seine Mutter, seine Frau, sie alle drei lebten gemeinsam in diesem Haus, machten es wohnlich wie seither nur sehr wenige andere Orte. Die alte Dame war also sehr früh aufgestanden im Haus ihres Sohns, das noch von den Nebelschwaden der feuchten Wiesen umhüllt war, und sie hatte uns in Genf abgeholt. Dann die Reise. Und jenes Hotel in der Rue Blaise-Desgoffe. Und die Chicorée im Speisewagen. Und der unleugbare weiße Fleck auf dem dunklen Reisekleid von Gouverneur Pauldings Mutter.
– Warum fährst du in die Schweiz? sagte Laurence.
Da lacht er.
– An den Ufern des Lago Maggiore soll der Herbst wunderschön sein, sagt er.
– Der Herbst? Sie sieht ihn an.
Herbst auch, als sie in Ferney, im Haus von Gouverneur Paulding angekommen waren.

– Es ist doch Sommer, sagt sie noch.

– Nach dem Sommer kommt der Herbst, sagt er, nach dem Leben der Tod.

Und Laurence, die darüber lachen will: Du bist verrückt, Liebling.

Er verabscheut das.

Er sagt: Du hast recht, der Tod kommt nicht danach, sondern währenddessen.

Laurence: Wie? Während was?

Er: Ja doch! Nicht nach dem Leben, während des Lebens, im Leben, im Laufe des Lebens, so ist das Leben!

Wendet sie die Augen ab?

– Könnten wir von was anderem reden? sagt Laurence.

– Wir reden immer von was anderem.

Er schaut auf die Uhr. Noch wenige Minuten.

– Die Bahnhöfe, sagt er, sind traumhafte Orte, um vom Tod zu reden.

– Ich bitte dich, sagt sie.

Sie sieht ihn an, und er fürchtet, daß sie nun nicht mehr umhin kann, ihm die Frage zu stellen, die sie hatte vermeiden wollen.

Aber gibt es eine Sprache für diese Frage?

1918, aus Cambridge zurückgekehrt, schreibt der Philosoph das Vorwort zu seinem Buch. Freilich befinden wir uns weder in Hongkong noch in Kalkutta: Asien ist dicht, es wimmelt, die Flüsse tragen dich; wir befinden uns nur in Wien. Nach jenem Weltkrieg ist Wien gar nicht so übel, auch in Wien regt es sich. Der Philosoph heißt Wittgenstein, was für eine Romanfigur kein schlechter Name ist. Der Philosoph dieses Romans beendet also das Vorwort zu seinem Buch, in Wien, im Jahre 1918, und er sagt: *Dagegen scheint mir die Wahrheit der hier mitgeteilten Gedanken unantastbar und definitiv...* Und weiter heißt es: *Ich bin also der Meinung, die Probleme im wesentlichen endgültig gelöst zu haben...* Datiert Wien, 1918, und signiert mit zwei Initialen, L und W, der zweite für den bereits erwähnten Namen Wittgenstein, der erste für Ludwig. Und er ist entschieden keine üble Romanfigur, dieser von seinem Wissen, der unantastbaren und endgültigen Wahrheit seiner Gedanken so überzeugte Philosoph. Man kann ihn sich vorstellen, an seinem Arbeitstisch, an einem Fenster, das, wer weiß, auf ein Gewoge von Dächern blickt oder auf die Bäume eines Parks. Er schreibt das Vorwort zu seiner *Logisch-philosophischen Abhandlung*, die später, seltsamerweise, in allen anderen Ländern unter einem lateinischen Titel, *Tractatus logico-philosophicus*, erscheint, vielleicht in Erinnerung an Spinoza, oder aus nostalgischer Erinnerung an eine Weltsprache. Je länger ich darüber nachdenke, desto mehr scheint mir, daß dieser Wittgenstein eine gute Romanfigur abgäbe, besessen, wie er war, vom Sprechen und der Art des Sprechens, das heißt vom Schweigen, und tatsächlich hat er bis zu seinem Tod nichts mehr veröffentlicht, denn seine *Philosophical Investigations* sind postum erschienen, abgesehen von einem kurzen Artikel, was ihn nicht davon abhielt, achtzehn Jahre lang als Despot über seine Schüler in Cambridge zu herrschen, denn er war nach Cambridge zurückgekehrt, wo achtzehn Jahre lang sein autoritäres Regiment auf dem Wort beruhte, was für jemanden, den die Mißverständnisse des Sprechens wachhalten, unvermeidlich ist. Wittgenstein also, eine Romanfigur, wie sie einem nicht oft geboten wird. Doch was mich betrifft, der ich in der Pariser Gare du Nord die anderen Figuren fallenlasse, das heißt diesen jungen Spanier und diese Laurence – weich und kühl, so hieß es, unter den blinden Fingern, die ihren bald bebenden Körper mit dem nach hinten geworfenen Gesicht durchwühlen werden –, was also mich betrifft, so habe ich zu Wittgenstein nur ein oder zwei Worte zu sagen. L.W. sagt es selbst am Ende seines Traktats, 1918: *Wovon man nicht reden kann, darüber muß man schweigen.* Und so werde ich über L.W. schweigen, trotz der Versuchung, von ihm zu sprechen, vor allem wegen Wien, nach jenem Weltkrieg, jener Stadt, in der Lukács leben sollte, in der auch Milena leben sollte, denken Sie nur an all die Abschweifungen, die das erlauben würde. Wenn hier indes Wittgenstein herbeizitiert wird, so deshalb, weil Laurence eine Frage hat, aber nicht die Mittel, sie zu stellen, da die Aussage dieser Frage sich ihr entzieht, in einer ungewöhnlichen Besorgnis. Manuel sieht sie an, er lächelt. Er hat soeben verstanden, daß Laurence jetzt nicht mehr anders kann, als ihm die Frage zu stellen, die sie fürs erste vermeiden wollte. Es geht um den Tod, natürlich, und dieses Wort ist Manuel aus Lust an der Provokation über die Lippen gekommen. Trotzdem ist Manuel in diesem Moment nicht imstande, dieses Wort zu Ende zu denken, und er hat Wittgenstein völlig vergessen. Er lächelt Laurence zu, der Zug nach Persan-Beaumont wird gleich abfahren, nur durch ein Wunder kann er sich noch aufrecht halten: gerädert, ausgelaugt durch diese schlaflose Nacht nach so vielen anderen schlaflosen Nächten. Er hat eine bestimmte Schwelle erreicht. Es war vom Tod die Rede, aber Laurence hat nicht die Mittel, ihre Frage zu stellen, und Manuel nicht die Mittel, sie zu beantworten. Beide schweben sie im Dröhnen des Bahnhofs, und Manuel bemüht sich, nicht ganz den Boden unter den Füßen zu verlieren, sich den Körper von Laurence vorzustellen, in der bald sich lösenden Verkrampfung des präzisen Augenblicks, da sie sich öffnet, um von ihm durchwühlt zu werden. Aber Wittgenstein hat er völlig vergessen. Dabei hatte er, vor ein paar Jahren, in eines seiner Hefte aus schwarzem Moleskin einen der Sätze von Wittgenstein geschrieben. Er hatte folgenden Satz hineingeschrieben und ihn mit dem Bleistift zweimal dick unterstrichen. *Der Tod ist kein Ereignis des Lebens. Den Tod erlebt man nicht*. Er hatte nicht die übliche Übersetzung dieses Satzes hingeschrieben, da sein Sinn vollkommen klar war. (Hätte er diesen Satz damals, vor vielen Jahren, übersetzen müssen, in dem Moment, wo er mit der Lektüre begonnen hatte, dann hätte es ihm sicher Schwierigkeiten bereitet, das Verb *erleben* und das entsprechende Substantiv *Erlebnis* auf französisch wiederzugeben, eine Schwierigkeit, die nicht aufgetreten wäre, hätte er diesen Kommentar, von dem hier die Rede ist, ins Spanische übersetzen müssen, eine reichere und subtilere Sprache, wie jeder weiß.) Das also ist eine jener unantastbaren und endgültigen Wahrheiten, zu denen L.W. 1918 in Wien gekommen war. Und dieser Satz trägt – damit er nicht verlorengehe, damit er nicht unkontrollierbar oder zufällig oder riskant erscheine – eine Nummer. Er trägt die Nummer 6.4311, die man aber nicht als vierundsechzigtausenddreihundertelf lesen darf, vielleicht in der Meinung, daß der Punkt falsch gesetzt wurde und es sich um den vierundsechzigtausenddreihundertelften Satz des *Tractatus* handelt. Ganz und gar nicht. Die *Abhandlung* oder der *Tractatus* gliedert sich um eine kleine Zahl von Hauptsätzen, genau sieben, wobei der siebte und letzte das Schweigen über Dinge empfiehlt, von denen man nicht reden kann, und jeder dieser Hauptsätze verzweigt sich in eine bestimmte, variable Anzahl von Nebensätzen. So trägt in dem Fall, der uns interessiert, diese Behauptung über den Tod, der kein Ereignis des Lebens ist, deshalb die Nummer 6.4311, weil sie die zweite Bemerkung zur dritten Bemerkung des vierten Nebensatzes ist, der zum sechsten Hauptsatz gehört. Aber es geht nicht darum, alle Nebensätze bis zum sechsten Hauptsatz, der die allgemeine Form der Wahrheitsfunktion betrifft, zurückzuverfolgen, um zu zeigen, auf welche Weise der Tod, als Nicht-Ereignis, Nicht-Erlebtes, im *Tractatus* auftaucht. Manuel und Laurence stehen, 1945, noch immer in der Halle der Gare du Nord in Paris, vor der Reihe der Vorortsschalter. Reglos, aber es ist eine gezwungene, angespannte Reglosigkeit, ähnlich der der Schauspieler eines Films, dessen Projektion gestoppt wurde. Schweigend, aber es ist ein drükkendes Schweigen, in dem sich undeutlich die Frage regt, für die Laurence die Worte fehlen. Wie dem auch sei, dieses Schweigen, diese Reglosigkeit kann nicht sehr lange dauern, da gleich, in wenigen Minuten, der Zug nach Persan-Beaumont abfährt und Laurence bestimmt vorhat, Manuel zum Bahnsteig zu begleiten, ihn von neuem ihrer Liebe, ihrer beider Liebe zu versichern, um die Phantome der Frage nach jener Nacht zu bannen.

Ich habe also, zwanzig Jahre nach dieser Begegnung von Laurence und Manuel in der Gare du Nord von Paris, nur wenige Minuten, um zu sprechen. Bald, in ein paar Minuten, wird diese Reglosigkeit enden, das Schweigen gebrochen werden, Manuel und Laurence werden zum Bahnsteig gehen, sich unter die Menge der Reisenden mischen, die sich auf den Zug nach Persan-Beaumont zubewegt. Und da, angesichts dieser wenigen Minuten, die mir bleiben, um zu sprechen, wird mir schwindlig. Heute, zwanzig Jahre nach dem Monat August, von dem in diesem Bericht die Rede ist, weiß ich, daß Manuel tot ist. Auch Ludwig Wittgenstein. Und von Laurence weiß niemand mehr etwas. Mir scheint, als hätte ich sie einmal in einer Gemäldegalerie der Rive gauche gesehen: immer noch schön, verlebt, mit unstetem, verschleiertem Blick. Angesichts ihrer beider Jugend von damals wird mir schwindlig.

Zuerst Wien. Hier schreibt L.W. sein Buch. Ist er in jenen Jahren Lukács begegnet? Auch Lukács lebte in Wien. Auch er schrieb hier Bücher. Zwar hatten sie nicht dieselben Gedanken, aber die Menschen begegnen sich, trotz ihrer unterschiedlichen Gedanken. Vielleicht in irgendeinem Café? In irgendeinem Wiener Kreis? Und dann Milena. Ist einer von ihnen Milena Jesenská begegnet? Immerzu träume ich davon. Aber dieser Traum von Wien, der Stunden dauern könnte und der von den Realitäten dieses Berichts weit entfernt zu sein scheint, dieser Traum vermischt sich dennoch mit ihm, wegen jener schlaflosen Nacht mitten im Winter, in der Manuel begonnen hat, in seinen Tagebüchern jenen Satz von Wittgenstein über den Tod ausführlich zu kommentieren. Damals, im Winter 1941, mietete Manuel ein Zimmer im protestantischen Studentenheim, in der Rue de Vaugirard. In jener Nacht hatte Manuel seine von L.W. verursachten Phantastereien über den Tod nicht mit dem Traum eines lebendigen Wiens vermischt. Zu jener Zeit war Wien lediglich ein abstrakter Ort: das Wien des Wiener Kreises. Er hat über den Tod phantasiert, im Schweigen jener Winternacht des Jahres 1941. Wittgensteins Satz eignete sich zu einer wirkungsvollen, beweiskräftigen Phantasterei. Natürlich kann der Tod kein Ereignis des Lebens sein, auch keine Erfahrung des reinen Bewußtseins, des *cogito*; er wird stets eine vermittelte, begriffliche Erfahrung sein, die Erfahrung einer praktischen, gesellschaftlichen Tatsache. Doch hinter dieser äußerst dürftigen Evidenz verbirgt sich nur eine tautologische Banalität. Tatsächlich, so phantasierte Manuel in jener Nacht, in seinem Zimmer in der Rue de Vaugirard, gegenüber den Bäumen des Jardin du Luxembourg, müßte Wittgensteins Satz streng genommen lauten: *Mein Tod ist kein Ereignis meines Lebens. Meinen Tod erlebe ich nicht.* Das ist alles, und es führt nicht

eben weit. Nicht weiter als zum Beispiel die Gewißheiten von *Monsieur Teste*. Und der Tod der anderen? Der Tod, den man gibt? Dein von anderen erlebter Tod? Und deine Gewißheit des Todes? Und so war auf dem Umweg dieser Phantasterei über den Tod Wittgenstein in die Realitäten dieses Berichts eingedrungen. Und so hatte sich ein diffuser Bereich möglicher Beziehungen hergestellt zwischen dem Wiener Philosophen, dem Wien eines Traums, und jenem achtzehnjährigen Spanier, der seitdem gestorben ist, unter Umständen, die nicht Gegenstand dieses Berichts sind. Laurence? 1941 ist sie in dieser Geschichte noch nicht aufgetaucht. Die Beziehungen zwischen all den Personen dieses Romans sind noch sehr locker, um nicht zu sagen inexistent. Sie werden sich bald knüpfen. Heute, zwanzig Jahre nach dieser Begegnung in der Gare du Nord, meine ich, daß genau dort, in jener beängstigenden vorübergehenden Reglosigkeit der Personen, in jenem latenten Schweigen von Fragen, deren Worte für niemanden klar sind, daß sich dort die Fäden knüpfen, um sich sogleich wieder zu lösen. Jedenfalls ist es eine Möglichkeit.
Stellen wir uns vor.
Laurence würde sagen: Warum der Tod?
Noch wäre in ihnen, um sie herum alles reglos in der Gare du Nord.
Manuel würde sagen: Ich hatte die Gewißheit.
Er würde sagen: Es war, als hätte ich meinen Leichnam aus deinem Bett geholt.
Laurence, blaß geworden, durchsichtig.
Sie würde sagen: Die Gewißheit?
Und er: Ja, die Gewißheit.
Sie würde sagen: Deines Todes?
Und er: Nein, des Todes, allen Todes.

Laurence, niedergeschlagen, eine blaue Ader unter der Haut der Schläfen.
Sie würde sagen: Hast du geschlafen?
Und er: Ich glaube.
Sie würde sagen: Und vorher?
Und er: Vorher?
Vorher hatten wir uns geliebt, würde sie sagen.
Sie stünden regungslos, im Schweigen. Sie würden reden.
Vorher hast du mich genommen, würde sie sagen.
Sei still. Aber er würde sich erinnern.
Sie hätte ihren nackten Körper durch das Zimmer spazieren lassen, das auf die Nacht, auf die Bäume eines Gartens ging. Sie hätte Musik aufgelegt, Getränke gebracht. Das Begehren nach ihr wäre gekommen, ein Ereignis, an dem er jedoch nicht ganz teilnähme. Es hätte keine Zärtlichkeit gegeben, danach, sondern eine erneute, gierige Unbefriedigtheit. Sollte sie die Gefühle verwechselt, diese Gier für Liebe gehalten haben? Jedenfalls wäre sie gefügig gewesen, hingebungsvoll, entgegenkommend. Dann hätte es einen geteilten Halbschlaf gegeben, in der Benommenheit. Manuel? Ja. Bist du da? Kaum. Weißt du? Was? Wie es war. Aber davon würde er nichts wissen wollen. Er wäre erst zwanzig Jahre alt, kaum mehr als zwanzig Jahre. Später würde man diese Dinge benennen, um sich ihrer zu vergewissern. Nein, würde er sagen, ich weiß nicht. Sie hätte gelacht, glatt, blond, heiß, an seiner Schulter.
Sei still, aber er würde sich erinnern.
Erinnere dich, würde sie sagen.
Sie würde ihm die Gesten, und das Lachen, und das Brennen sagen. Sie würde die Nacht benennen.
Sei still. Aber er würde sich erinnern.
Und? würde sie sagen.
Und er: Ich hatte die Gewißheit.

Der Tod?
Ja, der Tod, würde er sagen.
Und da bist du vor mir geflohen, würde sie sagen
Du warst lebendig.
Ich wäre gestorben, würde sie sagen. Mit dir würde ich sterben.
Ratlos, außer Atem, stünden sie reglos in der Gare du Nord.
Dann, sicherlich in Lachen ausbrechend, Laurence in die Arme schließend in den wiedergekehrten Geräuschen des Bahnhofs, in der wiedergekehrten Bewegung des Bahnhofs hätte er gesagt: Was für ein Idiot, dieser Wittgenstein! Die Erinnerung wäre zurückgekehrt. Das Zimmer in der Rue de Vaugirard, die Winternacht und die Phantasterei über Wittgenstein.
Dann hätte er geredet.
Sonntags ging er ins Kleine Lager hinunter. Nach dem Mittagsappell. Dort fanden immer politische Versammlungen statt. Manchmal auch in den Kellern des Dusch- und Desinfektionsgebäudes, ein knapper Bericht an die militärischen Verantwortlichen. Aber in dem dichten Leben der Sonntage fand er Zeit, ins Kleine Lager hinunterzugehen. Auch Hamelin. Hamelin begleitete ihn, oder sie trafen sich an Ort und Stelle. Der Block 56 war die Baracke der Invaliden: der Greise, der Krüppel, der fast schon Toten, für die der Tod das einzig vorhersehbare Ereignis ihres Lebens war. Sie stießen die Tür auf, sie drangen ein in den Gestank, Hamelin und er. Die Amputierten, die Greise, die an Durchfall Leidenden, die eiternden Verletzten, am Teich mit den fünf Säulenhallen. Sie bahnten sich einen Weg, Hamelin und er. Seite an Seite auf derselben Pritsche, sie kommen sehend, mit schon verschleiertem Blick, lagen dort Halbwachs, Maspéro. Dann stützten sie sich mit dem Ellbogen auf die Pritsche, sie sprachen mit Halbwachs, mit Maspéro. Mehr konnten wir nicht tun, mit ihnen

sprechen. Halbwachs war an der Sorbonne mein Soziologieprofessor gewesen. Unglücklicherweise gehörten Ethik und Soziologie zusammen, und bei Le Senne war ich kläglich durchgefallen. Er hatte mich zum Thema des Staatsbürgers laut Aristoteles befragt, und an jenem Tag war Aristoteles die geringste meiner Sorgen. Ich hatte mir keinerlei Mühe gegeben, so zu tun, als interessierte ich mich für Aristoteles, ich hatte geschwiegen. Le Senne ebenfalls. Das Schweigen zog sich in die Länge, wurde unwiderruflich. Schließlich machte Le Senne eine ohnmächtige Handbewegung, und ich ging. Bei Halbwachs dagegen war es sehr gut gelaufen. Ich hatte ihm von dieser mündlichen Prüfung am ersten Tag erzählt, und er hatte gelacht. Halbwachs war fröhlich. Der Tod war das einzige vorhersehbare Ereignis seines Lebens, aber er lachte. Er erzählte Erinnerungen, er beschwor Dinge herauf, sich zu Maspéro umdrehend. Er lachte. Vielleicht suchten wir, Hamelin und ich, an jenen Sonntagnachmittagen Halbwachs' Fröhlichkeit. Vielleicht wollten wir aus Halbwachs' Fröhlichkeit neue Kraft schöpfen. Da war der Gestank, der Lärm, und da war jener Kampf von Halbwachs, der Kampf seiner Fröhlichkeit gegen seinen Tod. Worüber hatte ich Sie an jenem Tag befragt? fragte mich Halbwachs. Über den Potlatsch, sagte ich. Wir hatten gelacht. Er fand das komisch, in dieser Baracke 56, in diesem Gestank den Potlatsch zu erwähnen. Über den Potlatsch? Und er lachte. Haben Sie den Schein bekommen? fragte er. Nein, sagte ich, Le Senne hat mich durchfallen lassen. Er wollte wissen, warum Le Senne mich hatte durchfallen lassen, warum ich mich an jenem Tag nicht für Aristoteles interessierte. An manchen Sonntagen war eine ganze Gruppe um die Pritsche von Halbwachs und Maspéro versammelt. Hamelin war da, wie immer. Und Baillou, auch Julien Cain. Und auch Taslitzky. Kumpels. Und Pierre Halbwachs natürlich, ein Schattenkörper, aus Rauch möglicherweise, in dem langen russischen Mantel, der um sein Phantom schlotterte. Pierre, wie ein Schatten, der sich mit übermenschlicher Anstrengung aufrecht hielt, um den Tod seines Vaters bis zum Schluß mitzuerleben. Wenn ihre Gesichter sich einander näherten, traten wir lautlos zurück, im Gestank der Sonntage. Unfreiwillig, trotz unseren abgewandten Gesichtern, hörten wir die brüchige Stimme von Halbwachs, der fröhlich mit seinem Sohn sprach. Dann gingen Hamelin und ich wortlos hinaus, aber seltsam beruhigt über den Sinn des Lebens. Und dann stand eines Tages der Name von Halbwachs auf dem Blatt. Eines Tages, wie alle Tage, hat uns das *Revier* das Blatt mit den Namen der Toten des Tages geschickt, und der Name von Halbwachs stand auf der Liste der täglichen Todesfälle. In der Zentralkartei waren wir zu sechst für die bürokratische Ordnung der Toten und Lebenden, der Zugänge und Abgänge zuständig. Man mußte in jeder Minute genau wissen, wo einer arbeitete, warum er krank war, zu welchem Außenkommando er möglicherweise eingeteilt worden war. Die Ordnung ist einfach. Und jeder von uns sechs hatte eine bestimmte Anzahl von Zehntausenden Karteikarten unter seiner Kontrolle. Und jedes der Blätter, sowohl das der Todesfälle wie das der Arbeitseinsätze, das der Fluchtversuche wie das der Krankheitsfälle, alle von den zuständigen Verwaltungsabteilungen säuberlich mit der Maschine getippten Blätter gingen durch unsere Hände, und jeder von uns bearbeitete den Zahlenabschnitt, für den er verantwortlich war, und gab das Blatt an den nächsten weiter, nachdem er die Erkennungsnummer, um die er sich zu kümmern hatte, mit dem Bleistift abgehakt hatte. An jenem Tag schien die Sonne hinter den Scheiben der Baracke der *Arbeitsstatistik*, und das Blatt der täglichen Todesfälle lag vor mir, und der Name von

Halbwachs stand auf dem Blatt. Mechanisch habe ich den entsprechenden Karteikasten gezogen, mechanisch habe ich die Karteikarte von Halbwachs herausgenommen, sie lag vor mir auf dem Tisch. Eine sehr saubere Karteikarte, mit Bleistift ausgefüllt, mit dem Namen, Halbwachs, dem Vornamen, Maurice, dem Beruf, Professor, der Zuweisung, Block 56. Die Karte lag vor mir, die ganze öde Weite der Sonntage, ihr Gestank, ihre Fröhlichkeit, lag zwischen mir und diesem kleinen Stück weißer Pappe. Daniel war nicht da, niemand, dem ich zuschreien konnte, daß Halbwachs tot war, ich konnte es nur mir selber zuschreien. Also habe ich mir selbst zugeschrien, daß Halbwachs tot war. Ich habe einen Radiergummi in die Hand genommen, ich habe den Namen von Halbwachs getilgt, ich habe all die lachhaften Spuren dieses Lebens auf dieser Karteikarte getilgt. Die Karte war wieder weiß, wieder jungfräulich, die Erkennungsnummer frei für einen anderen Leichnam. Die weiße Karteikarte war in meiner rechten Hand, es gab keine Spur von Halbwachs' Leben. Es gab nur das Gedächtnis. Über den Potlatsch? hatte er fröhlich gefragt. Ja, über den Potlatsch. Ich habe die Karteikarte abgelegt, es gab nur noch das Gedächtnis. Es würde das Gedächtnis geben, das wußte ich. Und da wünschte ich mir voller Zorn, dieser Idiot Wittgenstein wäre da, um ihm zuzuschreien, daß der Tod von Halbwachs etwas war, daß ich erlebt hatte. Aber vielleicht hatte er ja recht, dieser Idiot Wittgenstein, und ich hatte nicht den Tod von Halbwachs erlebt, sondern seine Fröhlichkeit, seine Gründe zu leben. Jedenfalls war Wittgenstein nicht da, er war in Cambridge, und ich hatte niemanden, dem ich den Tod von Halbwachs hätte zuschreien können.

Er hätte also geredet.

Aber niemand hat geredet.
Manuel hatte gesagt, Bahnhöfe seien wie geschaffen, um vom Tod zu sprechen, und Laurence hatte gesagt, sie flehe ihn an.
– Ich flehe dich an, sagt sie.
Sie sieht ihn an, und er fürchtet, daß sie nicht umhin kann, ihm die Frage zu stellen, die zu vermeiden sie beschlossen hatte. Ihrer beider Reglosigkeit wurde immer drückender. Aber sie hat sich zurückgehalten, sie hat gelächelt, sie hat gesagt, er sei verrückt heute, mein Liebling.
– Du bist verrückt heute, mein Liebling, sagt sie.
Also tut er so, als sei er heute verrückt, da diese Verrücktheit beruhigend war, und die Erinnerung, die in seiner umnebelten Müdigkeit aufzubrechen drohte, ist verflogen.
– Es ist soweit, hat er gesagt.
Es war soweit, und Laurence hat ihn zum Bahnsteig begleitet. Ihm schien, daß sie ein ernstes Gesicht hatte, einen gefaßten, würdevollen Ausdruck, als zöge er in den Krieg. Aber er nahm lediglich den Fünfzehn-Uhr-fünfunddreißig-Zug nach Persan-Beaumont. Ungefähr fünfundvierzig Minuten später fiel er auf den Bahndamm, da er genau in dem Augenblick das Bewußtsein verloren hatte, als die Lokomotive, sich der Station von Gros-Noyer-Saint-Prix nähernd, ihre Fahrt verlangsamte. Es war der 6. August 1945, der Apotheker hatte es gesagt, und jetzt versank er im Universum seines Gedächtnisses, in der Wärme seines Schmerzes.
In Joigny, vor zwei Jahren, hatte er bei jenem Kolbenschlag auf den Kopf nicht das Gedächtnis verloren, ganz und gar nicht. Er hatte ihn äußerst hellsichtig gemacht.
Er hatte das Blut abgewischt, das ihm über das Gesicht rann, und hatte sich gesagt: jetzt ist es soweit. Zwar hätte er nicht genau sagen können, was er darunter verstand, aber es war einfach soweit, du würdest schon erfahren, warum es sich

handelt, was es damit auf sich hat. Du wischst das Blut ab, das über dein Gesicht rinnt, und du schaust diesen Typ von der Gestapo an, dessen rechte Hand, um den Lauf der Selbstladepistole gepreßt, noch immer drohend erhoben ist. Du schaust ihn an, und du denkst: jetzt ist es soweit. Es hätte neulich Nacht passieren können, als ihr mit ausgeschalteten Scheinwerfern auf der Straße von Cézy fuhrt. Ihr hattet beschlossen, die Depots der AS auszulagern. Ihr hattet diese völlig einleuchtende Sache beschlossen, da es unmoralisch war, Waffen verrosten oder nach und nach von den Deutschen beschlagnahmen zu lassen. Die Verhandlung mit den Leuten der AS hatte vierzehn Tage in Anspruch genommen. Schließlich hatten sie eingewilligt, euch drei ihrer Depots zu überlassen, und als Gegenleistung solltet ihr ihnen helfen, bei einer groß angelegten Aktion die Schleusen des Burgundkanals zu sprengen, einer Aktion, die sich beim BCRA in London bezahlt machen könnte. Das Depot von Cézy füllte den ganzen Kofferraum des Wagens. Michel saß am Steuer, und du saßest neben ihm auf dem Beifahrersitz. Hinter euch Julien mit seinem leichten Maschinengewehr. Nach einer scharfen Kurve seid ihr auf eine Absperrung der Deutschen gestoßen. Michel hat den Motor hochgejagt, der Wagen ist auf den Seitenstreifen der Straße geschlittert, es fielen Schüsse, man hörte Schreie, und etwa zwanzig Meter weiter muß der Wagen etwas gerammt haben, vielleicht einen Kilometerstein, und der Motor war abgewürgt. Da habt ihr, Julien und du, gleichzeitig die Türen auf der der Straße abgewandten Seite aufgerissen und habt euch in den Graben rollen lassen. Einige Sekunden später hörtest du zu deiner Linken das brutale Knattern von Juliens Maschinengewehr, und du brauchtest nur noch eine Handgranate zu werfen, aufs Geratewohl, in Richtung der undeutlichen Schatten der deutschen Soldaten. Michel dagegen ist am Steuer sitzen geblieben, er hat den Motor wieder angelassen und den Wagen zurückgesetzt. Er hat geschrien, und mit einem Sprung seid ihr, Julien und du, wieder eingestiegen. Auf der Seite der Deutschen herrschte Stille. Vielleicht waren sie nicht viele. Wie dem auch sei, die Typen von der Wehrmacht mochten nächtliches Maschinengewehrfeuer nicht besonders, ebensowenig Handgranaten, die einem unversehens auf den Kopf fallen. Bei den SS-Einheiten war das anders. Jedenfalls hätte in jener Nacht der Moment kommen können, wo du dir sagst: jetzt ist es soweit.

Aber er ist nicht gekommen. Erst heute ist er gekommen, und es ist anders, als man meint. Man taucht nicht auf einen Schlag ein wie in eisiges Wasser, Anfang des Frühjahrs, völlig idiotisch, nur weil man gewettet hat, ins Wasser zu springen, nicht auf diese Weise taucht man in die Welt des Schmerzes. Es gibt Pausen, Unterbrechungen, man drückt dich ein klein wenig in den Schmerz, so wie wenn man dir den Kopf ins Wasser der Badewanne drückt und dich wieder herauszieht, wenn man dich Luft holen läßt und wieder von vorne anfängt. Hauptsache ist, dich glauben zu machen, daß der Schmerz kein Ende haben wird, daß es nach dem, was dir soeben angetan wurde, immer noch etwas anderes geben wird. Hauptsache ist, dich glauben zu machen, daß sie jede Menge Zeit haben, daß sie wochenlang mit dir zubringen können, jede Menge Zeit, um zu schreien, zu schlagen, Fragen zu stellen, und wieder zu schreien, dich an den Handschellen aufzuhängen, soviel Stunden wie nötig, dich in die Badewanne zu tauchen, dir mit dem Ochsenziemer auf den Bauch zu schlagen, und so fort, unnötig, alle diese eintönigen Torheiten aufzuzählen, wochenlang. Sie kommen, zünden Zigaretten an, sprechen miteinander, tun so, als läge das ganze Leben vor ihnen. Es ist natürlich abstrakt, du darfst nicht darauf hereinfallen. So viel

Zeit haben sie nämlich gar nicht. Jede Minute Schweigen, die man ihnen entreißt, stürzt sie buchstäblich in Verzweiflung. Wenn du nicht redest, haben sie überhaupt nichts mehr, sie verlieren jede Daseinsberechtigung. Und sogar den Typen von der Gestapo ist der Gedanke verhaßt, keine Daseinsberechtigung zu haben. Es graut ihnen davor, ins Nichts geschleudert zu werden durch das Schweigen derer, die sie verhören. Sie haben das körperliche Bedürfnis, daß man redet, damit sie existieren können, und um euch dann verachten zu können, damit sie doppelt existieren. Wenn ihr redet, haben sie recht gehabt, euch zu foltern, denn ihr ward schwach, ihr verdientet es nicht besser. Aber euer Schweigen erfordert den Tod, es verlangt, daß ihr aus ihren Augen, aus ihrem Leben verschwindet. Nur euer Tod kann ihnen das Lächeln zurückgeben, das heißt einen Grund zu leben, kurz, die Lebensfreude. Und dennoch ist das gewissermaßen nur eine theoretische oder eine moralische Forderung, die zu erfüllen nicht immer möglich ist, aus Mangel an Zeit, wegen der vielen Dinge, die sie zu erledigen haben. Wohl oder übel sind sie gezwungen, eine bestimmte Anzahl von denen, die nicht geredet haben, am Leben zu lassen. Andere Fälle rufen sie, andere Männer, die sie zum Reden bringen müssen, andere Schweigsamkeiten, die ihnen auflauern, bedrohliche, im Rauch der Zigaretten, in der drückenden Atmosphäre der geschlossenen Räume, die sie lieben, in jener langen Agonie, die ihr Polizistenjob ist. Auch wenn du danach erschossen wirst, auch wenn du danach in Rauch aufgehst, ist es für sie nicht dasselbe. Sie wünschen sich aus tiefster Seele, daß du dein Leben nur ihnen zu verdanken hast, dein Leben eines Mannes, der geredet hat, oder deinen schweigenden Tod. Sie möchten das Leben schenken, den Tod geben, diese bittere und göttliche Macht haben.

Aber nicht auf diese Weise geht es vor sich, und man taucht nicht mit einem Schlag in die Welt des Schmerzes.
Kaum hatte er zu ahnen begonnen, was Folter sein könnte, in dem Schuppen von Epizy auf dem Treidelweg, der an Irènes Haus vorbeiführt, da haben sie ihn losgebunden, und er ist auf den Boden aus gestampfter Erde gefallen.
Das Gesicht auf der gestampften Erde, der beißende Geruch dieser gestampften Erde. Einen Augenblick Stille. Er fühlte sich in dieser Stille, dieser Erwartung verwundbarer als vorher während der Raserei der Schreie und Schläge.

Die Frau von Prunier.
– Also? sagte Irène.
Nacheinander sah sie sie an. Sie aßen. Nichts, sie aßen.
– Also?
Nichts. Die Löffel schaufelten auf den Tellern. Hans trank.
– Also, es ist klar, sagte Hans.
Ihm zugewandte Blicke.
Es war klar, die Frau von Prunier, diese Geschichte.
– Klar? sagte Michel.
Nun ja, die Tatsachen, nicht die Motive. Michel wußte es genau.
– Also? sagte Irène.
Ja doch, sie wußten es. Auch Prunier selbst, im Gefangnishof. Obwohl in Isolationshaft, aber so was kommt vor. Jemand, den man trifft, ein ausgetauschtes Wort, ein langer Weg dann, wegen dieses Worts.
Ein einziges Wort: Huguette, im Hof. Mit leiser Stimme.
Das Wort hatte die Runde gemacht. War angekommen. Huguette? Die Frau von Prunier. Man mußte es überprüfen. Das hatten sie getan.
– Also, sie ist es, sagte Hans.

Huguette, beschattet, überwacht, belauert, bis zu dem deutschen Auto, in der Nacht. Denunziantin. Die Gruppe von Toucy, das war sie. Prunier, das war sie. Übrigens Prunier, was für ein Vorname?
Sie wußten es nicht, Prunier.
– Sie umlegen, sagte Irène.
Sie wußten es. Die Teller waren leer, Michel rauchte.
– Wer? sagte Irène.
Da rührten sie sich, alle miteinander, sprachen alle auf einmal.
– Ich.
Hans, Michel, er selbst. Alle zusammen, dieselben Wörter, ich.
Irène lächelte.
Sie sagte: Ihr seid schwach! Jeder von euch hat ganz schnell geschrien! Um den beiden andern diese Mühe, diese Last zu ersparen. Sie den beiden andern zu ersparen.
– Wir losen, sagte Michel.
Irène schüttelte den Kopf, feindselig. Sie verabscheue den Zufall, sagte sie.
Sie wandte sich an Hans.
– Du nicht, Philippe. Sie kennt dich nicht, sie wäre mißtrauisch.
Hans senkte den Kopf.
Sie wandte sich an Michel.
– Nein, Jacques. Sie mag dich nicht. Erinnere dich, sie hätte Angst.
Alle wandten sich nun ihm zu. Eine Kälte im Nacken, die über den Rücken lief. Regungslos unter ihrem Blick. Diese klebrige Kälte.
Er würde töten. Einmal, im Haus von Epziy, Prunier, seine Frau. Huguette? Rothaarig, dachte er. Wie sagt man? Üppig.

Gut gewachsen. Ja. Ein üppiges Gewächs. Heiß unter dem Blick. Huguette. Er würde sie töten.
Würde er es tun?
Er würde das Fahrrad in dem Wäldchen verstecken, hinter dem Haus. Alles wäre ruhig, er würde sich vergewissern. Später würde unten in dem großen Wohnraum eine Lampe angehen. Er würde aus dem Schatten der Bäume treten und sich in dem lauen Abend ungedeckt dem Haus nähern. Die Tür wäre geschlossen, er würde anklopfen. Er stünde im hellen Licht, würde sein Gesicht zeigen. Sie sähe ihn. Sie würde dieses Gesicht wiedererkennen, seine Unschuld, sie würde aufmachen. Er würde Guten Abend sagen, er würde denken, daß sie jünger ist, als er meinte. Sie würde sagen, sie habe ihn bei Irène gesehen, sie würde sich erinnern. Er würde zustimmen, ihr ein paar Einzelheiten dieser Begegnung in Erinnerung rufen. Das Kleid, das sie an jenem Tag getragen habe, ihre Frisur. Sie würde ihre Arme um ihren Kopf legen, mit den Händen in ihr Haar greifen, ihr Mund würde schwellen, zweideutig. Sie würde kurz auflachen, mit einem kehligen Lachen, ah! Sie erinnern sich! und ihr Blick würde unter den halb geschlossenen Lidern klimpern.
Prunier wäre tot, seit acht Tagen, erschossen. Er würde sich nicht an Prunier erinnern, es wäre glatt oder rauh, aber ohne Form. Andere Gesichter würden in seinem Gedächtnis auftauchen, aber nie das richtige, seines. Was für ein Gesicht hatte Prunier? Prunier wäre tot, vergessen. Nicht wegen Prunier, nicht für ihn wäre er hier, um durch einen weiteren Tod ein ungewohntes, oder lachhaftes, Gleichgewicht wiederherzustellen. Er würde diese Frau anlächeln bei dem komischen Gedanken an eine Gerechtigkeit, die geübt werden müßte. Er wäre nicht gekommen, um Gerechtigkeit zu üben, allein der Gedanke daran wäre ihm zuwider, sondern um Ordnung zu

schaffen. Er wäre das Werkzeug der Ordnung, er würde lächeln. Sie hätte ihren Mann, Prunier, verraten, die Gruppe von Toucy, und würde bei Gelegenheit auch alles andere verraten. Er würde sie daran hindern, würde Ordnung schaffen. Er würde nicht Gerechtigkeit üben, niemand könnte das, er selbst würde es nicht wagen, oder sich dabei lächerlich vorkommen. Er würde die Dinge einrenken, die Ordnung der Dinge wiederherstellen. Er nähme an keinem moralischen Abenteuer teil, er wäre passiv. Er wäre lediglich der Vollstrekker einer objektiven Operation, ein Rad im Getriebe einer natürlichen Notwendigkeit. Er würde diese Frau anlächeln, dieses Sandkorn, diese Ameise. Vor allem würde er nicht nach den vernünftigen oder unvernünftigen Gründen dieser Frau fragen. Er wäre nicht gekommen, um zu verstehen, sondern um zu töten. Er würde eine wüste Landschaft ohne Echo betreten. Seine Handflächen wären trocken, trocken auch die Armbeuge und die Achselhöhle. Er wäre kalt wie die im Gürtel steckende »Smith and Wesson«, kalt wie der mit Mennige bestrichene lange Lauf, der an seiner Leiste scheuerte. Er würde sich vorwärtsbewegen in der Feuchte des großen Gemeinschaftsraums von Pruniers Gehöft, in dem eine Lampe wahllos helle Flecken auf die Wände würfe. Die Frau würde die Schnapsflasche holen, ihm ein Glas einschenken, das er auf einen Zug austränke, den Kopf ruckartig nach hinten werfend. Sie würde an dem Tisch lehnen, das linke Bein gestreckt, den rechten Oberschenkel auf dem dicken Holz, und der Perkalstoff des vorne zugeknöpften schwarzen Kittels würde sich über ihre Hüften, ihre Beine, ihre Kruppe spannen. Sie würde noch einmal sehr kurz und kehlig auflachen, den Oberkörper vorgebeugt. Er würde ihr sagen, wie leid es ihnen um Prunier täte, diesen Patrioten. Sie würde die Augen senken über dieses Beileid, dieses Schweigen, diesen ruhmvollen Tod.

Er würde, über den schmalen Tisch hinweg, die Hand auf ihren vom schwarzen Perkalstoff umspannten rechten Schenkel legen. Er würde die Wärme dieses Schenkels in seiner Hand spüren, seine fuchsrote Wärme. Sie würde den Schenkel leicht bewegen, unter seiner Hand. Er würde sich nicht fragen, welche Bedeutung sie dieser Geste in jenem Augenblick beimessen könnte, ihr Mißverständnis wäre ihm gleichgültig. Er ließe seine linke Hand über den festen, runden Schenkel gleiten, der unter seiner Hand beben würde. Die Bedeutung dieses Bebens wäre ihm gleichgültig, vielleicht wäre es ja nur die Folge der Muskelanspannung in dieser Position. Er würde dieses winzige Stück Fleisch unter seiner Hand leben spüren, dieses warme Rechteck, in dem das fast unmerkliche Beben des ganzen Körpers dieser Frau enden würde. Er würde die Hand nicht bewegen, er ließe sie regungslos auf dem Körper dieser Frau liegen. Seine Handfläche wäre keine lebendige Rundung wie um ein Knie, eine Brust, ein Kinn, einen Schamhügel, eine Hüfte. Seine Hand läge einfach da, regungslos, schwer, vielleicht tot, sie wäre wie ein Stück Holz, wie ein Werkzeug, das man ablegt, wie ein Gerät, das nach dem Gebrauch, den man von ihm gemacht und der ihm eine Weile Leben eingehaucht hätte, wieder zu einem Stück Holz oder Metall würde. Seine Hand läge wie ein totes Werkzeug auf dem Körper dieser rothaarigen, lebendigen Frau, die er nicht ansähe, deren geheimes Beben in diesem Stück Fleisch, das er unter seiner reglosen Hand hielte, enden spürte. Die Frau würde ihm ihren Körper noch mehr zuwenden, dabei die schwere, feste Brust vorspringen lassen, sie würde seinen Blick suchen, im Mißverständnis und in der Feuchtigkeit, der sie infolge seiner Hand zum Opfer gefallen wäre. Sie würde die Augen zu ihm heben, zu seinen Augen, und sie würden ihm mit einem unkontrollierten Klimpern der Lider eine hinterhältige und zugleich ungeduldige Unterwerfung zu erkennen gäben. Nun hätte seine linke Hand den Schenkel dieser Frau hinaufstreichen, auf der Höhlung des Bauchs verweilen können, im beschleunigten und bald keuchenden Atem dieser Brust, die sich ihm entgegendrängte, unter der trüben, fast gelben Flamme ihrer auf ihn gehefteten Augen. Aber er würde die Hand nicht bewegen, die flach und reglos auf dem Schenkel der Witwe Prunier liegen bliebe, während ihre Blicke einander begegneten. Er hätte seine Hand nicht auf den Körper dieser Frau gelegt, um jene vorhersehbare Erregung hervorzurufen, die sich gewissermaßen schon durch den Blick unter den halb geschlossenen Lidern und durch das Wiegen in den Hüften angekündigt hätte, wenn sie, vorher, durch das Zimmer gegangen wäre. Er wäre außerstande, diese Erregung zu teilen, ebensowenig wie jenes mögliche Ineinandergreifen hastiger und präziser Gesten. Er bliebe gleichgültig gegen diesen denkbaren Ablauf, den ein Teil seiner selbst sich immerhin vorstellen und vor Augen führen könnte, in einer schwindelerregenden Folge überdeutlicher und zugleich verschwimmender Bilder, während sein anderes Selbst, dasjenige, das diese Hand wie ein Werkzeug auf den Körper dieser Frau gelegt hätte, in einer fast schmerzlichen Regungslosigkeit erstarrt bliebe, wobei sein Körper unempfindlich und schwammartig würde, rings um den Strom eisiger Lava, die ihn, vom Nacken bis zu den Lenden, kerzengerade an dem rauhen Holztisch des großen Gemeinschaftsraums im Erdgeschoß von Pruniers Gehöft in der Nähe von Toucy festhielte. Denn er hätte die Hand lediglich in einer mechanischen Bewegung auf den Schenkel dieser Frau gelegt, so wie ein Tischler ein zu bearbeitendes Stück Holz abtasten würde, um gewissermaßen die Handgriffe zu berechnen, die er würde tun müssen, in der größtmöglichen Ökonomie und der größten Präzision der dafür erforderlichen Bewegungen. Aber sie hätte sich ihm zugewandt, mit einer Drehung ihres ganzen Körpers, dessen Beben er unter seiner linken Handfläche undeutlich spüren würde, und er hätte den Wunsch, diese Zweideutigkeit sogleich zu beseitigen, die natürliche Ordnung der Dinge und der Absichten wiederherzustellen, und deshalb hätte er den langen Trommelrevolver aus seinem Gürtel gezogen, einen elf fünfundvierzig mit endlosem, rot angestrichenem Lauf, und er hätte die Waffe auf den Tisch gelegt, unter seiner fest um den Griff geschlossenen rechten Hand. Der Blick dieser Frau wäre starr geworden, und die Waffe anstarrend hätte er sich geweitet, wobei der Umkreis dieses Blicks verschwömme und weiß, vielleicht porös und brüchig würde, und in der Mitte ein kugelförmiger Punkt, der sich zusammenzöge, immer dunkler, bald schwarz würde, halluziniert. Und so wäre das Grün dieser weiblichen Augen, ihr leuchtendes Grün rings um diesen länglichen, unter den gewöhnlich halb geschlossenen Lidern verengten Blicks verblaßt, und dieses immer verwaschenere Grün hätte in seiner Mitte nur noch eine winzige Kugel von funkelnder Schwärze übriggelassen, wie einen langen, endlosen, spitzen schwarzen Schrei. Hätte sie geschrien? Die Lippen dieser Frau hätten sich um jenen möglichen Schrei gerundet, aber es wäre ihnen nur ein rauhes Stöhnen entwichen. Sie hätte sofort begriffen. Alle Bewegungen, die er vorher gemacht hätte, wären von dem Augenblick an, da die auf sie gerichtete lange Waffe in seiner rechten Hand aufgetaucht wäre, lesbar geworden. Die Art, wie er sein unschuldiges Gesicht gesenkt hatte unter dem Licht, das den Hauseingang beleuchtete, um erkannt und eingelassen zu werden. Und vielleicht die Worte über das Kleid, die Frisur, die diese Frau an dem Tag getragen hatte, als sie mit ihrem Mann zu Irène gekommen war. Auch seine Bereitschaft, den Schnaps anzunehmen, der zuerst in der Kehle brennt, dann aber fruchtig schmeckt und eine jähe Süße entwickelt. Und jene Bewegung der Hand auf ihrer Hüfte. Sie hätte begriffen, daß alle diese Gesten auf nichts anderes abzielten als auf den Tod. Sie hätte es begriffen, in einer jähen inneren Erschlaffung, die zu offenkundig wäre, um sich in einem Schrei des Entsetzens oder des Protests zu äußern. Dann würde er sprechen. Er würde ihr Pruniers Botschaft mitteilen, jenes Wort, jenen in einem Gefängnishof geflüsterten Namen, der in der Septemberwärme zu ihnen gedrungen war. Er würde ihr sagen, daß alle ihre Schritte überwacht, beschattet, verfolgt worden waren. Er würde ihr sagen, wie oft, zu welcher Uhrzeit, an welchem Tag, auf welche Weise sie mit den Deutschen Kontakt aufgenommen hatte. Darüber hinaus würde er nichts sagen, denn er bräuchte die Entscheidung nicht zu rechtfertigen, diese nunmehr unvermeidliche Tat. Er würde die Fakten weder kommentieren noch bewerten, denn das alles hätte nichts mit der Gerechtigkeit, ihren Alibis zu tun, sondern lediglich mit den Notwendigkeiten eines Unternehmens. Sie würde ihm stumm zuhören, kurzatmig, aber jeder Möglichkeit der Auflehnung beraubt, denn er hätte kein Urteil gesprochen, sondern nur die harte Wahrheit der Dinge enthüllt, das dunkle Gewebe der Ereignisse. Dann träte ein Schweigen ein. Sie wären regungslos, die Blicke voneinander abgewandt, verbunden durch seine linke Hand, die noch immer auf jenem Teil ihres Schenkels läge, den vorhin die geheimste Wärme dieser Frau zum Beben gebracht hätte, die Waffe, flach auf dem Tisch unter seiner rechten Hand, wie das offenkundigste Bild der Zukunft, die ihnen noch zu durchlaufen bliebe. Er stünde da, auf die möglichen Reaktionen dieser Frau lauernd, ihre Fluchtbewegungen, die Explosion ihres Entsetzens, die ihn zum sofortigen Eingreifen gezwungen hätte. Aber er wäre auch abwesend, sich selbst entwichen, die Welt um sich herum nur noch durch Wärme oder Unebenheiten wahrnehmend, durch einige elementare taktile Empfindungen, wie den rauhen Kontakt seiner Finger mit dem Perkalstoff oder die Kälte des Metalls in seiner rechten Hand. Trotz seiner gespannten Aufmerksamkeit für die möglichen Bewegungen dieser Frau, und mit ihr vermischt, hätte er den Eindruck einer Verdopplung, als beobachtete er die stumme und bewegungslose Szene von einer anderen Stelle dieses Zimmers oder sogar von außen, durch die Scheibe eines Fensterns von der Szene getrennt, die dadurch zum Teil unleserlich würde wegen der Dicke des Glases, das die vielleicht aufschlußreichen Geräusche dämpfen oder sogar ganz tilgen würde. Er würde sich außerstande fühlen, in der ersten Person zu sprechen, die von dieser nächtlichen Begegnung mit Pruniers Frau ausgelösten Empfindungen und Gefühle auf sich zu nehmen. Du wärest dort, müßte er sagen, um diese Episode zu erzählen, indem er sich davon distanzierte, du wärest dort, schweigend, vor der schweigenden Frau, jetzt, da du alles gesagt hättest. Du hättest ihr ihren Tod angekündigt, und sie hätte diese Botschaft als etwas Unleugbares aufgenommen, unfähig, sich gegen ein Urteil aufzulehnen, das niemand gesprochen, sondern das sich ganz natürlich aus dem Lauf der Dinge ergeben hätte. Du würdest warten, im Schweigen, und auch sie würde warten, als hinge der letzte Mechanismus dieser offenkundigen Entscheidung nicht mehr von dir ab, auch nicht von ihr, sondern von einem dunklen Zeichen der Dinge, von einem kurz bevorstehenden objektiven Aufblitzen. In diesem Augenblick würdest du sehr schnell, sehr leuchtend, die Gewißheit haben, selber den Augenblick dieses Todes hinter dir zu haben, jenseits dieses Todes zu sein, erstarrt in der mineralischen Strenge einer Ewigkeit, die du zur gleichen Zeit empfangen und gegeben hättest, die dir endgültig anheimfiele. Du hättest das Gefühl, in diesem sich hinziehenden Schweigen, daß das ganze mögliche, vorstellbare Leben mit seinem Beben, seiner Feuchtigkeit, seiner Transparenz, mit der verinnerlichten Wirklichkeit aller Lichter, aller Nächte, aller Bäume, aller Geräusche der Welt sich von dir zurückgezogen hätte, um auf schreckliche Weise das Gesicht und den Körper dieser Frau, der Witwe Prunier, zu verschönen. Und dann, im blendenden Licht dieses Todes, auf den du dich zu tief eingelassen hättest, würdest du deine Waffe mit einer kaum wahrnehmbaren Bewegung des Handgelenks zu dem Gesicht dieser Frau heben, die diese unmerkliche Bewegung erraten und ihren völlig schwarz gewordenen, undurchdringlichen Blick von erdigem Schwarz auf den Lauf der elf fünfundvierzig geheftet hätte, und du hättest auf den Abzug gedrückt, im gleichzeitigen Aufblitzen und Krachen von Flamme und Schuß.

Keiner würde die Fortsetzung erzählen, würde es jedenfalls nicht können.

Aber bei den beißenden Gerüchen des Bodens aus gestampfter Erde in dem Schuppen erinnert er sich. Vielleicht hatte Huguette ja doch von jenem Besuch gesprochen, den sie an einem Sommertag mit Prunier in Epizy gemacht hatte, und man brauchte nicht anderswo nach den Gründen für diese Razzia der Gestapo in Irènes Haus zu suchen. In diesem Fall hätte er ganz umsonst getötet. Er hätte mit seiner Mordtat nichts verhütet, nichts geschützt. Hätte er dann in der Septemberwärme nur ein Verbrechen begangen?

Er hörte die Typen von der Gestapo miteinander reden, über seinem Kopf. Einer von ihnen sagte, es sei schon fünf Uhr, man müsse an die Rückkehr denken. Der andere hatte Hunger, sagte er, er würde gern etwas essen. Und was die Frau betraf, so verlangte sie nach einer Tasse Tee, das alles hatte sie aufgeregt, sie würde gerne eine Tasse Tee trinken. Zuerst hatte er das von ihr verwendete Wort nicht verstanden, *Lindenblütentee*, und er hatte versucht, sich auf dieses Wort zu konzentrieren, es im Geiste zerlegend, diesem zusammengesetzten Wort seine Elemente entreißend, eines nach dem andern, um seinen Sinn zu rekonstruieren. Natürlich gab es *Unter den Linden*, jene Straße in Berlin, und dieser *Lindenblütentee* war ganz einfach der Tee aus den Blüten der Linde. Die Frau verlangte also nach einer Tasse Lindenblütentee. Also haben sie beschlossen, ihn in die *Feldgendarmerie* von Joigny zu bringen, ein großes Gebäude oben in der Altstadt, wo sie ihre verschiedenen Bedürfnisse befriedigen und gleichzeitig einige Dinge erledigen könnten, die ihnen auf den Nägeln brannten. Sie sprachen miteinander, in aller Ruhe, nach einem Arbeitstag.

Er hatte innerlich gelächelt, als er mit dem Gesicht auf dem Schuppenboden aus gestampfter Erde lag. Es war eine Obsession von Michel, die *Feldgendarmerie* von Joigny in die Luft zu jagen. Michel hatte mehrere Varianten dieses Plans ausgearbeitet, aber keine davon hatte sie überzeugen können, weder Hans noch Julien noch ihn. Die letzte Variante sah vor, mit der Bazooka den Hintereingang des Gebäudes, der auf eine ziemlich abschüssige Gasse ging, aufzusprengen und dann einen Wagen voller Dynamit hineinzufahren. Julien hatte eingewandt, die Männer an der Bazooka würden von den *Feldgendarmen* abgeknallt werden, noch bevor sie die schweren Torflügel aus massivem Holz hätten aufsprengen können. Aber Michel hatte sich erboten, diese Rolle zu übernehmen, und er hatte versichert, er werde sich nicht abknallen lassen. Dann hatte Hans auf die nahezu unüberwindlichen technischen Schwierigkeiten hingewiesen, die verschiedenen Phasen der Operation auf die Minute genau aufeinander abzustimmen. Irgendeine unvorhergesehene Verzögerung, tausend

kleine Details konnten dazu führen, daß der Wagen in der Gasse explodierte und nicht die *Feldgendarmerie*, sondern die umliegenden Häuser in die Luft jagte.
– Ein Risiko, das man eingehen muß, hatte Michel gesagt.
Genau das sei ein Risiko, das man nicht eingehen dürfe, hatten sie zu Michel gesagt. Daß ihr Stützpunkt in Joigny sich so lange habe halten können, sei allein der allgemeinen Zustimmung der Bevölkerung zu verdanken, der geheimen Unterstützung, die sie überall fanden. Mit derartigen Aktionen würden sie beides verlieren.
Michel hatte nicht weiter insistiert, aber er suchte noch immer nach einem Mittel, die *Feldgendarmerie* von Joigny zu sprengen. Eines Nachts war er mit zerrissenen Kleidern und mehreren tiefen Bißwunden am rechten Bein nach Epizy zurückgekehrt. Er war von einem Wachhund überrascht worden, in dem Garten, der das Gebäude der *Feldgendarmerie* umgab und über dessen Mauer er gesprungen war. Schließlich hatte er den Hund erwürgen und im Dunkel der Nacht zurückkehren können. Irène hat die Wunden gesäubert und ihm einen Verband angelegt.
– Zu dumm, hat Michel später gesagt, als sie beide allein waren auf dem Dachboden, wo sie schliefen, wenn ihr wolltet, könnte das ein schönes Feuerwerk geben.
– Wovon redest du? hat er ihn gefragt.
– Von diesem Gebäude der *Feld*, ich habe es aus nächster Nähe gesehen.
– Na und?
– Wenn man das Auto reinfahren würde, hat Michel gesagt, gäbe es eine schöne Explosion. Auf dieser Seite haben sie ihr Waffen- und Munitionslager.
Er sieht Michel an, der im Begriff ist, sorgsam seine »Smith and Wesson« zu überprüfen.

– Hat dich deine Lektüre nicht etwas zu sehr beeinflußt?
Michel wendet sich ihm zu, mit leerem Blick.
– Welche Lektüre?
Er wußte, daß Michel in letzter Zeit drei Bücher in seinem Rucksack mit sich schleppte. Einen Platon aus der Bibliothek seines Vaters, *Geschichte und Klassenbewußtsein* und *L'Espoir.*
– Solltest du dich etwa für den Negus halten?
– Scheiße, sagt Michel.
– Ist es nicht der Negus, dieser Anarchist aus Barcelona, der den Kanonen von Goded Autos entgegenschickt?
– Scheiße, sagt Michel, und er legt seine Waffe ab.
– Du hast überhaupt keine Phantasie, fügt er hinzu und dreht sich zur Wand, um zu zeigen, daß das Gespräch beendet ist.
Er fragt sich, ob es Michel wohl gelingen wird, das Gebäude der *Feld* in die Luft zu jagen, als er auf einem Stuhl in der Mitte des großen Raums jenes alten Hauses sitzt, während die Typen von der Gestapo einem halben Dutzend Unteroffizieren der *Feld* die Umstände seiner Festnahme erzählen. Die Frau ist gegangen, wahrscheinlich um ihren Lindenblütentee zu trinken.
Er sitzt in der Mitte eines großen Raums, der früher wohl einmal das Wohnzimmer gewesen war, an den Wänden sieht man noch die helleren Flecke der abgehängten Bilder, und der jetzt leer ist, abgesehen von ein paar Stühlen und einem weißen Holztisch und in einer Ecke, befremdlich und lachhaft, einer Harfe. Nachdem sie das Gebäude der *Feld* betreten hatten, waren ihm die Handschellen abgenommen worden. Er reibt sich die Handgelenke, zuerst das linke mit der rechten Hand, dann das rechte mit der linken Hand, um den Kreislauf anzuregen, und er fragt sich, ob er nicht versuchen sollte, abzuhauen. Vor sich sieht er den Garten, im Septemberlicht.

Das Licht eines Spätnachmittags im September. Dieser Garten lockt ihn. Vielleicht sollte er versuchen aufzustehen, zum Garten zu rennen, unter die großen Bäume dieses Gartens zu kriechen. Bevor die Typen von der Gestapo und die *Feldgendarmen* Zeit gehabt hätten zu reagieren, wäre er schon im Garten. Er würde durch den Garten laufen, unter den großen Bäumen, tief durchatmend, im Licht des hereinbrechenden Abends. Was danach käme, weiß er nicht. Eine Verfolgung, Hunde, Schüsse. Aber auch die Freude dieses Laufs, der Zufall des Laufs, und jenes Licht dort draußen, in das er so gerne eintauchen möchte. Keiner dieser Dummköpfe wäre imstande, ihn unter den großen Bäumen einzuholen. Ein Hund, vielleicht; eine Kugel, bestimmt. Aber keiner dieser Typen könnte ihm dieses schöne Septemberlicht auf seinen Armen und Beinen streitig machen, im Rhythmus des Laufs.
Er hört eine Kirchturmglocke in der Ferne, die die Uhrzeit schlägt und die gewissermaßen das klangliche Gegenstück zu diesem Septemberlicht ist, als mündete die Perspektive des sinkenden Lichts unter den großen Bäumen in diesem fernen Geräusch in der transparenten Luft, als verwandelte sich diese gefilterte Transparenz mit einem Mal, dicht und klangvoll, in jenen Glockenton in der Ferne. Er fragt sich, welche Chancen er hätte, die Gartenmauer zu erreichen, wenn er zu rennen anfinge. Doch in dem Augenblick, wo seine Beine sich entspannten, um ihn aufstehen und loszurennen zu lassen, näherten sich die *Feldgendarmen* seinem Stuhl, um den sie sich im Halbkreis aufstellten. Bestimmt sah er aus wie ein Idiot, in ihrer Mitte sitzend, sich noch immer mechanisch die Handgelenke reibend. Tatsächlich lachten sie. Die beiden Typen von der Gestapo waren im Hintergrund geblieben, Zigaretten rauchend, deren Duft fade, ein wenig ekelerregend war. Als er sah, daß sie sich abseits hielten, vermutete er vage, daß die

bevorstehende Sitzung kein wirkliches Verhör sein würde. Er betrachtete die Bäume im Garten, unter dem schwindenden Licht, genau in dem Augenblick, als einer der *Feldgendarmen* rasch vortrat. Mit einem heftigen Fußtritt warf er den Stuhl um, und er rollte auf den Boden, und alle sechs fielen sie über ihn her, mit heftigen Stiefeltritten.

Aber auch dabei ist er nicht ohnmächtig geworden, erinnert er sich zwei Jahre später in der langen Augustnacht, die auf die Auslöschung Hiroshimas folgte. Jetzt, da die Wirkung des Morphiums verflogen ist, leidet er entsetzlich. Der Schmerz überflutet ihn ganz und gar, aber er meint, daß dieser heutige Schmerz, hervorgerufen durch seinen Sturz auf den Bahndamm, als der Zug ihn den Bahnhof von Gros-Noyer-Saint-Prix einfuhr, nichts zu tun hat mit dem Schmerz von vor zwei Jahren. Denn heute ist der Schmerz in seinem Innern, er entspringt seinem eigenen Körper, er senkt seine Wurzeln in seinen Nacken, in seine Schultern, die ganze Wirbelsäule entlang, und scheint somit zu etwas Natürlichem zu werden. Der heutige Schmerz ist gewissermaßen ein Teil seiner Gewißheit zu existieren, und es gelingt ihm, sich mit ihm abzufinden, ihn sich zu eigen zu machen als ein vorübergehend nicht von seinen körperlichen Empfindungen zu trennendes Moment. Vor zwei Jahren dagegen, in Joigny und dann in Auxerre, war der Schmerz eine völlig objektive Gegebenheit, etwas Äußerliches, das man ihm aufzwang, ein Ereignis, das zu akzeptieren wirklich ausgeschlossen war und das man dennoch akzeptieren mußte, das heißt, gegen dessen Entfesselung man nichts tun konnte. Nicht sein Körper litt vor zwei Jahren, in seinen innersten Winkeln, sondern jene Schlagstöcke, jener Ochsenziemer, jenes Seil, jener Stiefel, jener Fausthieb, jene Badewanne, jener Baum im Garten wurden schmerzhaft. Die Welt wurde schmerzhaft vor zwei Jahren, alle Gegenstände der

Welt um ihn herum. Deshalb bestand die einzige Art und Weise, dieser schmerzhaften Feindseligkeit der Welt zu widerstehen, darin, hartnäckig nach allen freundschaftlichen Zeichen eben dieser Welt, die im Begriff war, sich in einen feindlichen und schmerzhaften Block zu verwandeln, Ausschau zu halten, um sie zu isolieren, neue Kraft aus ihnen zu schöpfen. Jener Septembergarten im Licht des Abends. Jener blaßblaue Himmel am frühen Morgen auf dem Weg vom Gefängnis zur Villa der Gestapo. Jene Geste eines unbekannten Gefangenen, den er bei der Rückkehr von einem Verhör auf dem Gang traf. Man mußte sie ablehnen, diese feindselige Welt voller Gegenstände, die nur noch Werkzeuge des Schmerzes waren, sie von innen her zerstören mit jenem Himmel, jenem Garten, jenem unbekannten, aber brüderlichen Lächeln. Man mußte diese leere, in sich selbst verschlossene Welt mit allen Reichtümern der Welt füllen.

Aber das Schlimmste vor zwei Jahren war nicht einmal jene Äußerlichkeit des Schmerzes, der die Welt überrollte, die Gegenstände der Welt in Gegenstände des Schmerzes verwandelte, das Schlimmste war, daß dieser Schmerz in jedem Augenblick aufhören konnte. Das heißt, es genügte, einen Wink zu geben, anzukündigen, daß man reden werde, um den Schmerz enden zu lassen. Die Typen von der Gestapo hätten aufgehört, ihrem Beruf nachzugehen, sie hätten sich eine Zigarette angezündet, und sie hätten zugehört, vielleicht spöttisch. Jedenfalls zufrieden, ihr Lächeln wiederfindend. Das Schlimmste war, gezwungen zu sein, diesen Schmerz andauern zu lassen, diese Reihe verschiedener, differenzierter Schmerzen, deren Intensität ständig zunahm, mit jeder vergangenen Stunde, durch den Entschluß, nicht zu reden. Es war sein Schweigen, das heißt ein innerer Entschluß, der die Welt ringsum unerträglich machte. Er selbst war es, der sich, im Schmerz, die

Welt entfremdete. Er selbst war der Gott seines Schmerzes. Heute, zwei Jahre später, vermag er nichts gegen seinen Schmerz, es sei denn, ihn zu ertragen, er kann nur warten, daß die Nacht zu Ende geht und daß andere Personen, der Arzt, der Chirurg, Krankenschwestern, ihn von seinem Schmerz befreien. Dadurch nimmt er gewissermaßen die Form eines gewöhnlichen kleinen Mißgeschicks an, wodurch man sich, die Zähne zusammenbeißend, leichter mit ihm abfindet. Vor zwei Jahren jedoch hätte er seinem Schmerz in jedem Augenblick ein Ende bereiten können. In jedem Augenblick mußte er sich dafür entscheiden, seinen Schmerz andauern zu lassen, endlos, aus seinem eigenen innersten Willen mußte jene Freiheit hervorbrechen, sich die Welt zu entfremden.

Aber zum Glück gab es die Typen von der Gestapo. Sie waren es, die der Welt wieder einen menschlichen Sinn verliehen; das heißt, ihre Beunruhigung angesichts seines Schweigens, ihre Verzweiflung, ihn nicht zum Reden bringen zu können, schufen erneut die Möglichkeit einer menschlichen Welt. Der Mißerfolg der Gestapo hielt die Türen für alle Möglichkeiten einer menschlichen Welt offen. Auch die Dolmetscherin war da, jene blonde und graue Frau, die Fräulein Kaltenbach ähnelte und deren Hände sich unentwegt falteten und entfalteten. Sie hatte nicht viel zu tun, da er auf die Fragen, immer dieselben, nicht antwortete, und ihre Haupttätigkeit bestand darin, nervös die Hände zu falten und zu entfalten. Was ihn betraf, so suchte er die ganze Zeit über den Blick dieser Frau, er versuchte, sie in seinen Blick zu zwingen, sooft sich die Möglichkeit dazu bot. Und so verharrte sie wie festgenagelt unter seinem Blick, mit leerem Gesicht und Händen, die sich flehend krümmten, als führten sie ein Eigenleben. Die sichtbare Angst dieser Frau half, die Welt bewohnbar zu machen. In dem Augenblick, da alle aggressiven, verletzenden Möglichkeiten aufbrachen, die gewöhnlichsten Gegenstände sich in Folterwerkzeuge verwandelten, brachten die leeren Augen dieser Frau, ihre wie verschreckte Möwen flatternden Hände eine menschliche Wunde in dieses kreisende, in sich selbst geschlossene Universum, die reale, vielleicht winzig kleine, aber doch reale Chance einer Öffnung dieser Welt, einer Zerstörung dieser Welt. Und in dem Maße, wie die Stunden vergingen, und die Tage, und die Nächte, nahm er nach und nach, durch sein Schweigen, wieder Besitz von dieser Welt, die die Folter ihm entfremdet hatte. Er nahm sie wieder in Besitz durch die Angst dieser Frau, durch den verzweifelten Stumpfsinn der Typen von der Gestapo, die in ihrem Vorhaben, ihn zum Reden zu bringen, scheiterten und immer trüber wurden, sich immer weiter entfernten, das heißt von sich selbst entfernten, vom Sinn ihres Lebens, immer tiefer in die Agonie ihres Berufs geworfen. Ich weiß nicht, sagte er, ich bin in dieses Haus von Epizy gegangen, ich kannte dort niemand, ich weiß nicht, wie er heißt, der mich hingeschickt hat, ich weiß wirklich nichts, und er sah die Typen von der Gestapo, die immer grauer, immer unbedeutender wurden. Nutzloser, alles in allem. Er dagegen nahm die Welt wieder in Besitz, von der er nicht mehr nur einige vereinzelte Zeichen empfing – jener Garten im sinkenden Licht; jener blasse Himmel im Morgengrauen; jene flüchtige Geste des Gefangenen –, sondern die von neuem ganz und gar vertraut wurde, strahlend. Einmal, bei der Rückkehr von einem Verhör in der Villa der Gestapo, hat der Typ des SD, der ihn begleitete, im Wachraum des Gefängnisses gesagt, während er die Handschellen aufschloß: *Dieser Scheißkerl, der hat noch nicht gesungen*. Als er das hörte, hob er mechanisch die Augen zu dem Soldaten, der Wachdienst hatte. Es war ein Mann der *Wehrmacht*, etwa fünfzig Jahre alt, der aufgestanden war, hinter dem Tisch, auf dem Papiere herumlagen. Und auf dem Gesicht dieses Mannes der *Wehrmacht* erschien flüchtig ein Ausdruck intensiver Freude. Er sagte nichts, er rührte sich nicht, hinter dem Tisch stehend, während der Typ des SB die Handschellen aufschloß, aber ein flüchtiges Licht strahlender Freude erschien auf seinem fünfzigjährigen, verlebten, von der Sonne und dem Wind der langem Märsche der *Wehrmacht* quer durch Europa gegerbten Gesicht, ein Blitz, ein so jäher Freudenschimmer, so offenkundig, daß es schon anstößig wurde, schwer zu ertragen. Der Mann der *Wehrmacht* hat mit einemmal – in der bürokratischen Öde dieses Wachraums, wo er wohl Papiere gesichtet, Telefonanrufe entgegengenommen, Leute, die vom Verhör kamen, in Empfang genommen oder andere, die zum Verhör gebracht werden sollten, gerufen hatte – einen Ausbruch von Glück erlebt, das sein Gesicht eine Sekunde lang verwüstete, nur weil, wie der Typ des SD sagte, dieser Scheißkerl noch nicht gesungen hat. Es war Abend, eine nackte Glühbirne erleuchtete den schmalen Raum, ein Kohleofen glühte in einer Ecke. Da war der Typ des SD, über die Handschellen gebeugt, die er aufschloß, und er hatte mit müder, aber vernehmbarer Stimme gesagt, daß dieser Scheißkerl noch immer nicht gesungen hat. Und bei diesen Worten hatte er mechanisch den Kopf gehoben. Der deutsche Soldat, der Wachdienst hatte, stand hinter dem mit Papieren bedeckten Tisch. Ein säuerlicher Geruch schwebte im Zimmer, und damit hätte es sein Bewenden haben können. Er hätte den brennenden Ofen betrachtet, und er hätte sich an die draußen in den Straßen von Auxerre, im Garten der Gestapo herrschende trockene Kälte erinnert, und auf diese Weise hätte er dunkel das Gefühl der verstreichenden Zeit gehabt, durch diesen Gegensatz zwischen der Kälte von heute und der hellen Wärme des Tages, an dem die Gestapo ihn bei Irène geschnappt hatte.

Alles hätte, öde, mit der Banalität der Abende sein Bewenden haben können, die allen anderen Abenden ähneln, einer Banalität, die das Gefühl der verrinnenden Zeit nur noch unterstrichen hätte, mit dem bedeutungslosen Gewicht von Grundwahrheiten. Aber mechanisch ist sein Blick auf das Gesicht dieses deutschen Soldaten gefallen, das plötzlich vom Glück verwüstet wurde. Er hatte gerade noch Zeit, dieses Glück festzustellen, seine flüchtige Evidenz zu erkennen, denn schon stieß man ihn aus dem Wachraum, ein Wärter brachte ihn in seine Zelle. Dann hatte er sich auf das Eisenbett gelegt – und genau an jenem Tag hatte er die Wahrheit begriffen, nämlich daß es für den Schmerz keine Grenze gibt, daß immer ein noch größerer Schmerz möglich ist, daß es morgen noch mehr Schmerz geben wird –, und mit jenem elenden Bild des Glücks hatte er die Augen geschlossen. Jenes fünzigjährige Gesicht, das vom Glück verwüstet wurde, nur weil er, dieser Scheißkerl, noch immer nicht gesungen hatte. Und in der stillen Dunkelheit der Zelle versuchte er, sich das Leben dieses Mannes der *Wehrmacht* vorzustellen: eine lange Folge winziger Niederlagen, ein klebriges Netz aufgezwungener Fakten, Anhäufungen von Asche und Trümmern auf dem, was man die Illusionen der Jugend nennt, bis zu diesem stumpfen Aussehen, dieser wie mit Sandpapier abgeriebenen Existenz, diesem heimlichen, unbrauchbaren, elenden Glück, nur weil ein unbekannter Feind der Ordnung, die er vertritt, sie in Frage stellt, diese Ordnung, die in der Leere eines Bewußtseins, das niemals in irgendeine Praxis mündete, erlitten und verabscheut wurde, nur weil dieser Unbekannte durch sein Schweigen diese Ordnung in Frage stellt, womit er bei diesem Soldaten ein zwar elendes, aber doch offenkundiges, brutales Glück hervorruft, das sein gegerbtes fünfzigjähriges Gesicht verwüstet. Und als er sich dieses Glück des Mannes der *Wehr-*

macht in Erinnerung rief, da ahnte er, daß er gewissermaßen an einem Wendepunkt angekommen war, daß genau in dem Moment, wo es so aussah, als ließe sich der Schmerz nicht länger ertragen, die Welt ihren Sinn und ihren Reichtum wiederfinden sollte. Man mußte ihm nur noch ein wenig trotzen, und die Dinge würden sich wieder einrenken.

Am nächsten Tag, als er vor der Villa der Gestapo aus dem Wagen stieg, hat er Michel gesehen. Wie ein junger Bauer gekleidet, war Michel dabei, die Kette seines Fahrrads zu reparieren, auf der anderen Seite der Straße, an der sich die Villa der Gestapo befand. Auf dem Bordstein sitzend, reparierte Michel die Kette seines Fahrrads und sah zu ihm hin. Er ist aus dem Wagen gestiegen, er hat Michel gesehen, und Michel hat ihn gesehen.

Er hätte nur über die Straße zu gehen brauchen, um sich neben Michel zu setzen.

– Wie geht's, Michel?

– Und dir? hätte Michel fragen können. Wie ist es denn nun in Wirklichkeit?

– Nicht der Rede wert, es ist wie in den Büchern. Es lohnt nicht, diese Erfahrung zu machen.

Sie hätten eine Weile geschwiegen, in Gedanken an all die Bücher voll von Kumpeln, die diese Erfahrung des Schmerzes bereits gemacht und sie ihnen übermittelt hatten. Es war wie in den Büchern, es gab nichts Neues, nichts Originelles, das man aus dieser Erfahrung hätte lernen können.

– Und wirst du die *Feld* von Joigny in die Luft jagen, Michel? hätte er fragen können.

– Schon möglich.

Das hätte Michel antworten können, starrsinnig mit dem Kopf nickend.

– Und Hans?

Und Michel hätte mit einer vagen Handbewegung geantwortet.
– Hans ist hier irgendwo. Er sagt, ich sei verrückt.
– Aber sicher.
– Immer noch einer Meinung, ihr beide, hätte Michel etwas bitter gesagt.
– Im allgemeinen bist du ziemlich verrückt, hätte er gesagt. Aber warum diesmal?
– Ich wollte, daß wir das Gefängnis von Auxerre stürmen, aber Hans war dagegen.
– Er hat recht, hätte er gesagt. Was ist in dich gefahren?
Und Michel hätte eigensinnig den Kopf geschüttelt, unglücklich.
Aber er ist nicht über die Straße gegangen.
Michel hatte die Kette seines Fahrrads fertig repariert, er stand jetzt. Da war Michel, im Begriff, eine Zigarette anzuzünden, und Hans war wohl nicht weit, und Julien fuhr bestimmt auf einem gestohlenen Fahrrad durch die Gegend. Es waren die Kumpel, sie lebten, das Leben war heiter. Ihm war nach Lachen zumute, und es überkam ihn die Gewißheit, daß die Typen von der Gestapo heute kapitulieren würden, daß sie ihn von nun an in Ruhe lassen würden, in Erwartung des Kriegsgerichts oder der Deportation.

Als um acht Uhr morgens der Doktor kam, um ihn in die Klinik von Montlignon zu bringen, wo man ihm das abgerissene rechte Ohr annähen würde, wußte er nicht mehr, ob er diese Nacht geschlafen, ob er das alles geträumt hatte. Vielleicht war es nur ein Traum gewesen und nicht das angstvolle Wachen des Gedächtnisses? Es war unwichtig, da er ohnehin nicht sicher war, wach zu sein, ganz und gar nicht sicher, die pelzige Dumpfheit der Nacht überstanden zu haben.

Im Auto, das gerade das Gymnasium von Massabielle hinter sich gelassen hatte und den Abhang hinunterzufahren begann, sah er die Sonne über den Bäumen des Waldes. Er hing in dieser morgendlichen Wärme wie eine noch schläfrige Fliege, und er hatte den Eindruck, als spalte sich sein Körper in zwei voneinander getrennte Teile, deren verschiedene Gefühle sich nur selten deckten. Einerseits war sein Körper vom Nacken bis zu den Lenden von einheitlicher, grausamer Steifheit, eine einzige Masse scharfen Schmerzes. Rings um diese umgrenzte Starre zerfiel sein übriger Körper in diffuse Empfindungen, wo die Grenze zur Außenwelt fast gänzlich verschwunden zu sein schien, so daß er nicht mehr wußte, ob nun seine Hand rauh war oder ob diese Rauheit nicht eher von dem Wollstoff herrührte, mit dem der Sitz des alten Autos des Doktors überzogen war. Ein subtiler Austausch, ähnlich den Phänomenen der Kapillarität, schien sich zwischen der undeutlichen Peripherie seines Körpers und den Gegenständen der Außenwelt hergestellt zu haben, und er hätte unmöglich sagen können, ob nun diese Gegenstände begonnen hatten, ihn zu überwuchern, in ihn hineinzukriechen, oder ob vielmehr die Extremitäten seines Körpers, seine Hände, seine Arme, seine Füße, seine Waden begannen, sich in die wolligen, eisenhaltigen Gegenständen aufzulösen, mit denen sie in Berührung waren. Aber auch das hatte keine Bedeutung mehr. Er hatte die Schwelle überschritten, diesseits deren die Dinge noch problematisch erscheinen können, er war in die blendende Evidenz des Schwachsinns eingetreten.

Der Doktor sprach mit ihm.

Feuerball, sagte der Doktor, Flammen- und Feuerball, kilometerhoch, Feuerhimmel, sagte der Arzt, Flammen- und Feuerhimmel bis zum höchsten Himmel hinauf. Rauchblume, sagte der Doktor, bewegliche Rauchblume am Sommerhimmel. Aschenhimmel, sagte der Doktor, Aschen- und Rußhimmel am Sommerhimmel. Der Doktor sprach mit leiser, langsamer Stimme, als zähle er die Einzelheiten eines furchtbaren Alptraums auf, den er gehabt hätte, oder als zwänge ihn irgendeine dunkle Macht tief in seinem Innern dazu, das Unnennbare zu benennen, mit linkischen Wörtern, die die Wirklichkeit der Ereignisse, die sie hätten enthüllen sollen, niemals genau bezeichneten. Das Wort Himmel, das Wort Asche, das Wort Rauch, das Wort Blume, das Wort Feuer, das Wort Flamme, hinter denen sich zum Teil Arten von Himmel, Asche, Rauch, Blumen, Feuer, Flammen verbargen, die man noch nie gesehen hätte, für die man neue Wörter hätte finden müssen. Er lauschte dieser eintönigen Stimme, die ständig auf ein und dieselben Einzelheiten des berichteten Ereignisses zurückkam, um das zu beschreibende Faktum kreiste wie ein Vogelschwarm, dessen absteigenden, immer engeren Spiralen es dennoch nie gelänge, die vielleicht erschreckende oder auch herrliche, das heißt eine schreckengetränkte Herrlichkeit freisetzende Wahrheit dieses Aschen- und Feuerhimmels wirklich aufzustöbern, von dem der Doktor unermüdlich sprach. Letztlich war das Bild, das der Doktor aus Saint-Leu der Schlacke der zaudernden Sprache abtrotzen zu wollen schien, das Bild eines übergroßen Feuerballs, der plötzlich in der Durchsichtigkeit eines Augusthimmels Gestalt angenommen hatte, gleich einer neuen Sonne, in der alle versehentlich auf sie gerichteten Blicke verbrannt, verwüstet worden wären; eines Feuerballs, der zuerst hoch am Himmel gehangen hätte, regungslos, obwohl vielleicht von konvulsivischen Wellen durchzogen, und der dann begonnen hätte, aufzusteigen, seine unerträgliche Leuchtkraft verlierend, um zu einer Aschenwolke zu werden, einer Rauchblume, einem schwarzen Himmel, der einen Schatten auf die Landschaft legte, einem Staubregen, der das leuchtende Grün der Wiesen, der Apfelbäume, der Parks und der Pagoden mit einem grauen Schleier überzog.

Er hätte dem Doktor gern gesagt, er möge aufhören, aber dazu hatte er nicht die Kraft. Die rechte Hand des Doktors umschloß den Schalthebel des alten Autos, den sie unablässig betätigte, immer wieder den Gang wechselnd in den Kurven und kleinen Steigungen, die nach der langen geraden Abfahrt hinter Saint-Prix einander folgten. Seine linke Hand lag auf dem Lenkrad, ungefähr in der Mitte seines oberen Halbkreises, und sie bewegte sich, je nach den Erfordernissen der Fahrt, leicht nach rechts oder nach links. Die beiden Hände schienen unabhängig voneinander zu agieren, als paßten sie sich von selbst der Straße an, ihren Kurven und ihrem Gefälle, während der Doktor, die Augen auf einen unbestimmten Punkt eines imaginären Horizonts geheftet, unermüdlich auf die minutiöse Beschreibung jenes Ereignisses zurückkam, auch wenn keine Präzisierung imstande schien, es in die Realität einzufügen, trotz allen anscheinend zuverlässigen Details des Berichts, Details, die namentlich aus den Depeschen der Zeitungen, den in der Morgenpresse veröffentlichten Reportagen stammten, die der Doktor reichlich zitierte, als hätte er die monströse Unwahrscheinlichkeit der Fakten durch die Anhäufung objektiver, vielleicht sogar unwiderlegbarer Zeugnisse auslöschen und seine Bestürzung hätte verbergen wollen durch all diese ausdrücklichen Bezugnahmen auf die Kommentare der Journalisten, die offiziellen Kommuniqués, die Stellungnahmen der Gelehrten und der Literaten, die eilig die Gelegenheit ergriffen, um ihre Stimmen zu erheben, wobei die einen die wissenschaftliche und technische Neuheit des Ereignisses betonten, die angeblich eine Ära der Menschheitsgeschichte einleite, und die anderen die allgemeinen Wahrheiten der abstrakten Moral verkündeten sowie die Pflichten des Menschen angesichts seiner plötzlich, vielleicht ins Unendliche, angewachsenen Kräfte, die so maßlos würden, daß sie sogar imstande wären, die Gattung zu vernichten, was dem Doktor zufolge, darin einer Meinung mit einigen der Wissenschaftler oder Literaten, auf die er sich berief, einen Horizont metaphysischer Transzendenz enthüllte, und er hätte dem Doktor gern gesagt, er möge aufhören, er hätte dieses wirre, unerträglich werdende Getöse gern zum Schweigen gebracht, aber der Wagen fuhr plötzlich durch ein Gittertor, nachdem er nach rechts abgebogen war, und sie befanden sich zwischen den Bäumen eines großen Parks, in einem leichten Schatten, durchzogen von beweglichen hellen Streifen, die das Land porös erscheinen ließen, und am Ende der Allee stand ein weißes Haus mit einer Terrasse und einer halbkreisförmigen doppelten Freitreppe in der Mitte sowie, links unterhalb, einem kreisrunden freien Platz zwischen den Bäumen, auf den zwei Wege mündeten, mit Bänken rings um einen Steinbrunnen, und er hat begriffen, daß sie angekommen waren, er hat sich zu diesem weißen Haus gleiten lassen, zu der langen, von hohen Fenstern mit Quersprossen durchbrochenen Fassade, und der Doktor hat noch einmal den Namen jener japanischen Stadt gesagt, die unter einem Aschen- und Feuerhimmel verschwunden war, dann trat Stille ein, eine Art drückender Stille, und der Wagen hielt vor der doppelten Freitreppe jener Klinik von Montlignon.

– Achtung! Das ist mein schlechtes Ohr!
Sie rückt von ihm ab und lacht.
– Du hast ein gutes und ein schlechtes Ohr? sagt sie.
Er nickt.

– Laß sehen, sagt sie.
Sie beugt sich zu ihm, sein zu langes Haar beiseite streichend, und sie entdeckt die bläuliche Narbe rings um den oberen Teil seines rechten Ohrs, am Schädelansatz.
– Tatsächlich, sagt sie.
– In kleinen Dingen, sagt er, lüge ich nie.
Sie zünden Zigaretten an.
– Was ist das? sagt sie.
Und er: Ich hatte beschlossen, mir das rechte Ohr abzuschneiden, um es einer Dame zu schenken, aber ich hatte nicht den Mut, es durchzustehen.
Sie sagt nichts, sie streichelt sein Ohr, sein Haar, seinen Nakken. Er dreht sich nicht um, er betrachtet den See.
– Manu! sagt sie.
Er schüttelt den Kopf.
– Nein, sagt er.
– Was, nein?
– Ich hasse Verkleinerungsformen, sagt er.
– Heute, sagt sie, verabscheust du mich.
– Aber nein, sagt er, ich denke an etwas anderes.
Er denkt an nichts, betrachtet die Landschaft.
Auf der Straße nach Brissago fängt die Windschutzscheibe eines Wagens in voller Fahrt einen Sonnenstrahl ein und wirft ihn zurück, blendend. Er schließt die Augen; glitzernde weiße Pailletten flimmern hinter seinen geschlossenen Lidern.
– Der Schnee, sagt er, die Augen öffnend.
Er lacht.
Sie ist ihm ganz zugewandt, die Ellbogen auf den Tisch gestützt, regungslos.
– Welcher Schnee? sagt sie.
Der Wagen, da drüben, hat jenen Punkt der Straße nach Brissago, am Ende einer Kurve, hinter sich gelassen, wo die Sonne

ihn kurz mit ihren Strahlen erfaßt hat, die von der Windschutzscheibe zurückgeworfen wurden und blendeten. Alles kehrte in die durchsichtige Ordnung des Nachmittags zurück: der See, der Himmel, die Bäume, die Insel von Brissago.
Er lacht, er trinkt einen Schluck Wasser.
– Warum Schnee? sagt sie.
Er wendet sich ihr zu, sie wird von der scharfen Kälte seines Blick erfaßt, lange. Sie hebt die Hand zu ihrem Haar, ihre Hand sinkt wieder herab.
– Soll ich gehen? fragt sie.
Endlich lächelt er. Mit einem Finger streicht er sanft über die Augenbraue, den Wangenknochen, dieses zu ihm erhobene Gesicht.
– So ist es, sagt er.
Sie steht auf.
Seine zu ihr ausgestreckte, reglose Hand streift die ganze Bewegung dieses sich aufrichtenden Körpers. Seine Hand erkennt jede Stelle dieses Körpers. Die hervorspringende Brust, die lange, flache Schlankheit des Oberkörpers und des Bauchs, die sanfte knochige Biegung der Hüfte, das runde Knie, um das seine Hand sich preßt.
Sie steht dicht neben ihm, aber er betrachtet die Landschaft.
Seine Hand gleitet langsam ihren Schenkel hinauf, mit einem leichten Knistern der Fingernägel auf der Seide, bis zur Kühle der nackten Haut, oberhalb des Strumpfes.
– Du mogelst, sagt sie, und sie weicht zurück.
Er hebt seinen Blick zu ihr und lächelt.
– Ich komme nach, sagt er.
Sie sammelt ihre Sachen auf dem Tisch ein, die Sonnenbrille, die Zigaretten, ein Feuerzeug, ihren Schal, einen Brief, den sie nicht geöffnet hatte, sie stopft alles in ihre Handtasche, sie ist fertig, sie sieht ihn an.

Sie scheint zu zögern, sie schüttelt den Kopf, sie geht.

Er dreht sich zum See um.

Es hatte kein Vorzeichen gegeben, kein plötzliches Schwindelgefühl, das Leuchtgarben hinter seinen halbgeschlossenen Lidern aufsprühen ließ, in der Sonne von Ascona, um vierzehn Uhr fünfunddreißig an jenem Januartag. Die Konsistenz der nahen Gegenstände – beispielsweise Lorènes Sonnenbrille auf dem Tisch des Cafés – hatte sich nicht verändert. Die Brille lag da, erkennbar, identifizierbar an ihrer Form, ihrem Volumen. Lorène hatte sie irgendwann abgenommen und auf den Tisch gelegt, und dort war sie liegengeblieben, als ein vertrauter, alltäglicher Gegenstand, in einem Netz klarer Bedeutungen gefangen. Es war eine Sonnenbrille aus Schildpatt, die auf dem lackierten Holz eines Cafétischs lag, im Freien, unter der Sonne von Ascona. Es war ein kurzes Schweigen eingetreten in ihrer Unterhaltung, eine sehr dünne Schicht brüchigen Schweigens, das sie glatt und leicht durchqueren würden, vielleicht sogar munter. Die Kaffeetassen waren leer, die Wassergläser halb voll; niemand befand sich um sie herum. Sie waren in diese poröse Dichte des Schweigens eingetaucht, sorglos, ohne Hintergedanken, wie wenn man auf einem sonnigen Weg zwischen Bäumen in einen kühlen Schatten eintritt. Es war nur eine winzige Wolke des Schweigens, unvorhersehbar, die jedoch nichts in Frage stellte. Und dann, ohne jeden Vorsatz seinerseits, in völliger Ruhe, war sein Blick auf diese Sonnenbrille gefallen, die Lorène vor einigen Minuten abgenommen hatte. Das Gestell war aus dunklem Schildpatt, die Gläser von länglicher Form. Er kannte diese Sonnenbrille, es war die, die Lorène gewöhnlich trug bei ihren Begegnungen in diesem Café in Ascona, am Kai, vor der Landschaft des Sees. Die Anwesenheit dieser Brille hatte nichts Ungewöhnliches, im Gegenteil, sie unterstrich die Banalität dieses seligen

Wartens in der Sonne, mit dem blauen Wasser des Sees und dem grünen Fleck der Insel von Brissago. Diese Sonnenbrille würde etwas später in Lorènes Zimmer wieder auftauchen, vielleicht auf der Tagesbettdecke aus weißer Baumwolle mit Festons, in dem Moment, wo sie, fast nackt, die präzise, heftige Handbewegung machen würde, um sie zurückzuschlagen und die schläfrige Kühle der Laken aufzudecken; oder aber, noch später, wenn sie sich von ihm lösen würde, um auf dem Nachttisch nach den Zigaretten zu tasten; im Halbdunkel des späten Nachmittags wäre diese Sonnenbrille erneut sichtbar, unter all den Gegenständen auf jenem niedrigen Tisch, die ihre tastenden Finger verschieben würden.

Und so weckte diese Sonnenbrille infolge einer völlig mechanischen, aber trotzdem fließenden Assoziation, ohne Schroffheit, Bilder des körperlichen Besitzes von Lorène, eine sich verflüchtigende Folge von Bildern, in der Betäubung der Sonne erdacht, nach dem Mittagessen, die hinter den halbgeschlossenen Lidern die ganze Farbskala des Weiß aufscheinen ließen: zuerst, auf dem Kai selbst, von leichten Schatten umrahmt, die glänzende, silbrige Schicht, die die Sonne auf die Platten aus poliertem Stein legte, auf das glatte Wasser des Sees, auf die Bäume der Hügel, auf den grünen Fleck, der mit der Vibration silbrigen Lichts der Insel von Brissago verschmolz; dann, dieses glänzende Weiß in Erinnerung rufend durch die parallelen Sonnenstrahlen, die durch die geschlossenen Fensterläden drangen und auf die Wand von Lorènes Zimmer trafen, das mattere Weiß der Wand selbst; und auch der Fleck, von dunklerem Weiß, der mit geometrischen Mustern verzierten und festonierten baumwollenen Tagesbettdecke; oder schließlich das strahlende, gestärkte Weiß der Laken, die Lorènes entblößten Körper bedeckten. Als wäre diese Geste der jungen Frau, die in einem bestimmten Augenblick ihr Gesicht entblößte, es vom schützenden Dunkel der getönten Gläser befreiend, es glatt und ungeschminkt – außer manchmal mit prangendem Mund – seinem ihr zugewandten Blick darbietend in der seligen Wärme der Siesta, in Wirklichkeit nur ein zeremonielles Zeichen, das die Nacktheit ankündigte, wie sie für die lebhafte Einwurzelung ihrer beider Körper in der schattigen oder strahlenden Weiße der Gegenstände notwendig war. Als wäre das Verschwinden dieses Schattens auf Lorènes Gesicht, wenn sie, jeden Nachmittag, in dem Café von Ascona ihre Sonnenbrille abnähme, in Wirklichkeit nur das Aufgehen des Vorhangs, die Ankündigung irgendeiner Zeremonie, die sie zu verrichten hätten zwischen den gekalkten Wänden der kurzen hellen Januarnachmittage.

Sein sorgloser Blick war also auf die Sonnenbrille gefallen, die zwischen den leeren Kaffeetassen, den Gläsern, den vertrauten Gegenständen lag. Sie waren soeben in die banale und noch leichte Dichte eines Schweigens eingetreten, das ihre zusammenhanglosen Worte kaum durchbrach, da es, dieses Schweigen, vorerst nur eine Art Fortsetzung oder Kontrapunkt ihrer zeitweilig aussetzenden Unterhaltung war, in der selig ihre epidermischen Eindrücke von Wohlbefinden, vager Zufriedenheit ausgetauscht worden waren. Es tat gut, in der Sonne zu sitzen, der Januar würde herrlich sein, der Schnee schmolz auf den Höhen der Maggia, sie hatte lange geschlafen, mein Gott! tat das gut! Der Januar war immer herrlich am Ufer des Lago Maggiore, es stimmt, man hatte es ihm gesagt, auf keinen Fall dürfe man im Sommer nach Ascona kommen, ach ja? aber nein, die Leute haben es sich während des Kriegs angewöhnt, sie konnten ja sonst nirgendwohin, nicht wahr? im Sommer sei es hier voller Menschen, die Einsamkeit im Januar sei herrlich.

Dann hatte er den Kopf zum Horizont des Sees gedreht, und

dabei hatte sein Blick diesen Gegenstand auf dem Tisch gestreift, und er hatte sich auf diesen doch so banalen, leicht identifizierbaren Gegenstand geheftet: eine Sonnenbrille mit länglichen Gläsern, aus schwarzem Schildpatt. Von da an hatte sich sein Blick von diesem Gegenstand nicht mehr lösen, nicht darüber hinwegsehen können: er klebte an dieser winzigen Vision mit jäher Beklemmung. Das heißt, die Beklemmung war nicht in seinem Körper entstanden, seine Eingeweide oder die inneren Muskeln zusammenziehend in einem Krampf, der sich in raschen und heftigen Wellen zur Herzgegend ausbreiten würde; die Beklemmung lag in diesem Gegenstand am Ende seines Blicks, ganz flach, auf dem Tisch des Cafés: er sah diese Beklemmung in Form länglicher Gläser, dunklen Schildpatts.

Er hatte sich bemüht, seine Augen von diesem Gegenstand zu lösen, um sie darüber hinweg auf die Landschaft des Sees zu richten. Einige Sekunden lang war dieses Gefühl der Loslösung, von leichter Unruhe getönter Gleichgültigkeit, mit der er die jähe Fremdheit dieses doch gewöhnlichen Gegenstands festgestellt hatte, bestehen geblieben.

Dem Anschein nach hatte sich nichts verändert. Etwa zehn Meter von der Caféterrasse entfernt, auf der sie in der Sonne saßen, das glatte Wasser des Sees. Rechterhand erstreckten sich der Kai bis zur Brücke von Solduno und, auf der anderen Seite des Tals der Maggia, die Straße von Brissago, unter den Bäumen. So hätte er fortfahren können, die Elemente seiner Gesamtsicht der Landschaft sehr präzise aufzuzählen, und dieses Bild hätte sich vollkommen mit dem von vor einigen Minuten gedeckt, als er die Landschaft angeschaut hatte, zerstreut, in der üblichen Erschlaffung dieser sonnigen Stunden Lorènes Worten lauschend. Aber diese beruhigende Gewißheit dauerte nur den Bruchteil einer Sekunde lang, bis zu dem

Augenblick, da die ganze Landschaft dieser Sonnenbrille zu ähneln begann. Das Grün der Bäume, das Vermeerblau des Himmels und das blasse Blau des Wassers, das Ockerbraun der Hügel, der im Licht der Sonne violette Schatten der Berge am italienischen Ufer des Sees, das Weiß der weißen Häuser von Ascona hatten begonnen, diesem auf dem Tisch des Cafés liegenden banalen Gegenstand zu ähneln, jener Brille, die Lorène abgenommen hatte, ihr Gesicht entblößend, als hätte sie mit dieser Geste, sicher unwillkürlich, nicht nur die erschreckende Evidenz dieser Landschaft, sondern letztlich auch die der Welt enthüllt.

Anderswo hatte ihn manchmal, sogar oft, die Fremdheit der Welt an der Kehle gepackt. Es war ein relativ häufiges, aber harmloses, banales Gefühl: man überwindet es. Zum Beispiel: Er war vor kurzem in Paris angekommen, er war Interner im Lycée Henri IV, der spanische Krieg war vorbei, es war Donnerstag, sein erster schulfreier Tag. Und da blieb er unter dem lauen, faden Frühlingsregen auf dem Boulevard Saint-Michel an einer Ecke vor einem Kino stehen. Die Stadt war unbekannt, die Sprache war unbekannt. Die Leute gingen vorbei, der Regen verdunkelte langsam das Papier der ersten Seite einer Zeitung, die an einem Baum angeschlagen war, ein paar Schritte weiter. Ihm schien, als sei dieser feuchte graue Fleck, der sich im hartnäckigen lauen und feinen Frühlingsregen langsam auf dem Zeitungsblatt ausbreitete, die vollkommene visuelle Entsprechung seiner inneren Gefühle. Als ob das etwas angstvolle Unbehagen, die Übelkeit, die physische Traurigkeit, die er empfand, auf dieselbe Weise die aufgelösten, aufgeweichten inneren Fasern seines Körpers zerfräßen. Er erinnerte sich an ein törichtes Gedicht seiner Kindheit, in dem sich der Schriftsteller, ein schwülstiger Südamerikaner, einen Schmerz beschwörend, dessen genaue Gründe sich in völligem Vergessen verflüchtigt hatten, zu jemandem sagt: »Hörst du nicht die Tropfen meiner Melancholie?« So hatte sich, wie gewöhnlich, zwischen die Wirklichkeit der Welt, diesen winzigen Ausschnitt der Welt, das heißt diese plötzlich fremd gewordene Ecke des Boulevard Saint-Michel, zwischen diese Wirklichkeit und ihn eine Erinnerung geschoben, heute jenes lachhafte Gedichtfragment, ein andermal das dichte graue Netz eines Stichs von Dürer, oder bei Gelegenheit irgend etwas anderes, als wäre immer eine derartige klangliche oder bildliche Erinnerung vonnöten, um die Wahrheit des Augenblicks besser zu begreifen und auch um den unerläßlichen Abstand zu gewinnen, der es ermöglichte, kühlen Kopf zu bewahren, dieses banale Gefühl der Weltfremdheit zum Beispiel nicht mit Lebensangst zu verwechseln. Er betrachtete den feuchten, grauen Regenfleck, der sich langsam auf dem Zeitungsblatt ausbreitete, es verschlang, und es kam ein Moment, wo die ganze erste Seite dieser Zeitung schlaff und grau geworden war, wie ein undeutliches Ölfeld zwischen Festland und Ozean, das die steigende Flut unmerklich überschwemmt hätte, und dann ging er, leeren Herzens und von der Feuchtigkeit dieses Unbehagens durchtränkt, zum Lycée Henri IV zurück, zu den an diesem schulfreien Tag leeren Arbeitssälen, zurück zu irgendeiner träumerischen Lektüre oder auch zu einem stets von neuem unternommenen Spaziergang in dem leeren großen Schulhof, auf den der graue Nieselregen, der kaum wahrnehmbare Staub eines regnerischen Frühlingshimmel fiel.

In solchen Fällen scheint die Wirklichkeit der Welt gerade durch die Neuheit einer Stadtlandschaft, einer in einem früheren Bezugssystem erlebten Situation in Frage gestellt zu werden, was letztlich eine Erfahrung ist, die nicht sehr weit führt. Heute aber, um vierzehn Uhr fünfunddreißig an einem Januartag in der Sonne von Ascona, ist die Evidenz der Welt unstreitig. Und gerade diese Evidenz ruft die Verwirrung hervor, die sich jetzt von den äußeren Gegenständen – zum Beispiel von Lorènes Sonnenbrille, doch jeder andere Gegenstand hätte dieselbe auslösende Rolle spielen können – in den Innenraum seines Körpers verlagert hat, der sich in einem jähen Ekel der Eingeweide zusammenzieht, durch das regellose Pochen eines hastigen Bluts aus den Fugen gerät.

Er betrachtet die Landschaft, die Bäume, den festlichen Himmel, so evident, so unverwüstlich, als sähe er sie aus der Höhe seines eigenen Todes, mit der sehr deutlichen Gewißheit der Überflüssigkeit seiner Existenz. Kein Baum, kein Wasser, keine Insel von Brissago braucht seinen Blick, und genau das läßt ihn erzittern.

Und da verdichtet sich dieses leichte Schweigen, in das sie eingetreten waren. Er hat sich vorgebeugt, zu dieser durchsonnten Landschaft, die seine Existenz, zumindest die Notwendigkeit seiner Existenz leugnet.

– Manu! sagt die junge Frau.

Er schüttelt den Kopf.

– Geht es dir nicht gut?

Lorènes Stimme klingt besorgt.

Er schüttelt den Kopf, es geht ihm sehr gut.

Er dreht sich zu ihr um, er betrachtet das Gesicht der jungen Frau.

Kurz vorher hatte sie ihre Sonnenbrille abgenommen. Vielleicht war es diese Geste, die alles ausgelöst hatte. Heute hatte diese Geste vielleicht nicht nur Lorènes glattes Gesicht mit den ausgeprägten Wangenknochen entblößt, ein zerbrechliches Gesicht, jedoch von kostbarer, mineralischer Zerbrechlichkeit, vielleicht hatte sie auch das düstere, strahlende Gespinst jener winzigen Welt des Sees, der Hügel unter der

Januarsonne entblößt. Wäre Lorène vielleicht maskiert geblieben und hätte der Sonne nur ihren kaum geschminkten, lediglich von einem sehr blassen Rot betonten schönen Mund dargeboten, dann hätte ihn vielleicht die natürliche Evidenz dieser Landschaft nicht mit einem Mal ins Nichts gestoßen, in die absolute Gewißheit seines Todes.

Er lächelt sie an.

– Lorène?

Sie sagt ja, zu ihm gebeugt.

– Ja? sagt sie.

– Nichts, ich wollte nur wissen, ob du mich hörst.

Sie greift in ihr Haar, sie sieht ihn an, sie sieht die Landschaft an.

– Wie bitte? sagt sie mit tonloser Stimme.

– Ob du mich hörst, ob du meinen Namen weißt, ob ich wirklich existiere.

Und sie sagt die üblichen Worte, sie fragt ihn, was heute mit ihm los sei, mein Liebling, sie schmiegt sich an ihn, sich halb umdrehend, um ihr Gesicht in seiner Schulter zu vergraben, wobei ihre tastende linke Hand ihm den Nacken, das Haar, das Ohr streichelt.

Und da sagt er ihr, daß sie aufpassen solle, es sei sein schlechtes Ohr. Dann Lorènes Lachen, ihre unbestimmten Fragen, eine Erinnerung an Schnee, der Weggang der jungen Frau.

Er ist allein, er betrachtet den See.

– Heidi! ruft er.

Er hört die Stimme der Kellnerin des Cafés, die sagt, ich komme, und hinter ihm nähern sich tatsächlich ihre Schritte.

– Bitte noch einen Kaffee, Heidi.

Sie geht um den Tisch herum, sieht ihn an, stellt Lorènes Abwesenheit fest, sammelt leere Tassen ein, Gläser, in denen das Wasser warm geworden ist, sieht ihn erneut an.

– Madame Lorène ist gegangen? sagt sie.
Er nickt.
– Heidi, sagt er, haben Sie die Geschichte von Heidi gelesen?
Sie lächelt.
– In der Schweiz, sagt Heidi, haben alle Kinder die Geschichte von Heidi gelesen.
Er nickt.
– Wo liegt die Schweiz?
Sie zuckt die Achseln, daran gewöhnt.
Er insistiert nicht. Er hat diesen Scherz über die Schweiz im übrigen nur aus Routine begonnen; er hatte keineswegs die Absicht, ihn fortzusetzen.
– Heißen Sie Heidi wegen Heidi? sagt er.
Sie zuckt die Achseln.
– Das müßten Sie meine Eltern fragen.
– Wo sind Ihre Eltern? sagt er.
– In Wädenswil, sagt Heidi.
Er nickt, sie lächelt.
– Einen Kaffee, Monsieur Manuel?
– Bitte so stark wie möglich, Heidi!
Sie geht.
Er betrachtet den See.
Früher verließen sie den Park durch die Allee der Statuen, sie rannten die Stufen der monumentalen Treppe hinunter, sie überquerten die Straße, auf die Trambahnen achtend, sie gingen durch die Calle Juan de Mena zu dem Haus, das die Ecke dieser Straße und der Calle de Alfonso XI bildete. Im Winter, im Herbst, im Frühjahr – nie im Sommer, da waren sie immer außerhalb von Madrid, in den Ferien – kehrten sie am späten Nachmittag ins Haus zurück. Sie waren immer zu spät dran, und sie rannten. Auf der Allee der Statuen betrachtete die doppelte Reihe der westgotischen Könige, in ihrer steinernen

Reglosigkeit erstarrt, ihr Rennen. Die Luft war trocken und das Licht in jeder Jahreszeit klar, da Schatten und Sonne sich nicht vermischten, einander nicht störten, sondern einfach nebeneinanderlagen. Der Schatten und die Sonne, Seite an Seite, bis zu den letzten Sonnenstrahlen. Sie rannten durch die Allee der Statuen, unter dem abwesenden Blick der westgotischen Könige, im Schatten, in der Sonne, die in deutlichen, sehr genau umrissenen Flächen auf dem Sand der Promenade lagen. Manchmal, wenn die Ventile der Bewässerung geöffnet waren, begleitete sie der Geruch der feuchten Erde, jener Geruch, den in den trockenen Ländern auch Regengüsse hervorrufen, auf der ganzen Allee der Statuen. Ein Kindheitsgeruch, lebhaft, zu Kopf steigend. Sodann erwartete sie die Gouvernante für die Deutschstunde. Und es war Fräulein Grabner, oder vielleicht war es die Zeit Fräulein Kaltenbachs, die sie den dicken schweizerdeutschen Roman mit den Abenteuern von Heidi lesen und übersetzen ließ. Heidis Abenteuer waren verworren, aber anrührend, er erinnerte sich daran.
Er betrachtet den See, und Heidi ist mit einer weiteren Tasse Kaffee zurückgekommen. Er tat, als nähme er ihren Wunsch, ein Gespräch zu beginnen, nicht zur Kenntnis. Heidi ist einen Augenblick um den Tisch herumgestrichen, sie ist wieder gegangen.

Er, zwanzig Jahre alt, mager, mit dichtem, abstehendem Haar, bleibt allein. Er betrachtet nicht einmal mehr den See, langsam, mechanisch rührt er mit einem Löffel in der Kaffeetasse.
Man könnte diese Minute der Unaufmerksamkeit nutzen, um sich leise von ihm zu entfernen. Zuerst könnte man, in einer verstohlenen Bewegung, sechs Schritte zurücktreten, ich wette, er würde nichts bemerken. In dieser Entfernung wäre

er noch gut zu sehen, über seine Kaffeetasse gebeugt, endlos mit dem Löffel umrührend. Mager, einen Schatten in den Augen, in der Sonne von Ascona. Vor ihm der Cafétisch und ein winziges Stück des Kais; bisterfarbene Steinplatten. Man könnte die Augen von rechts nach links bewegen, um diese Männergestalt herum, die über den hellen gelackten Holztisch des Cafés gebeugt ist. Bunte Flecken würden erscheinen: eine weiße Mauer, einige Blumen, grünes Laub, Dinge dieser Art. Man könnte noch etwas weiter zurücktreten: dann würde sich die Landschaft rings um seine auf der Caféterrasse sitzende Silhouette zu einer leicht lesbaren, zunächst evidenten Gesamtsicht ordnen, die in bezug auf diese Silhouette verschoben wäre, je nach der erkundenden Bewegung der Augen, die unaufhörlich Neues entdecken: Farben, Gegenstände, Hügel, sogar Kirchtürme, Ascona, das Universum.

Dann, im Abstand dieser präzisen und zugleich zerstreuten, entspannten Sicht, könnte man sich Zigaretten anzünden, über ihn sprechen.

Manuel? Ja, ich könnte über ihn sprechen.

Er würde erst sechzehn Jahre später sterben, unter Umständen, die ungeklärt blieben, sogar für seine Angehörigen, auch für ihn selbst. Und jetzt, da ich daran denke, mich anstrengend – nicht ohne Mattigkeit, Verdruß, vage verdrießliche Mattigkeit –, um zu versuchen, wirklich die Farbe, die inneren Stürme, das offenkundige Nichtsein, die klamme Banalität, die unvorhersehbare Erregung, das winzige Abenteuer, die Undurchdringlichkeit, den Glanz jenes Januarnachmittags in Ascona im Jahre 1946 wiederzugeben, als wäre ich dort gewesen, als hätte ich mich tatsächlich soeben von Manuel entfernt, auf Zehenspitzen, eine Sekunde der Unaufmerksamkeit ausnutzend, um in diesen Bericht einzugreifen, jetzt, da ich daran denke, muß ich feststellen, daß Manuels Leben – sein Leben:

es ist zulässig, so von ihm zu sprechen, da er tot ist –, daß sein Leben sich mir nicht so zeigt, vielleicht kein Leben, wie es zu sein scheint, wenn man leichtfertig darüber spricht, in der Routine einer Sprache, die sich gehen läßt, wie von der Bewegung, vom Lauf eines Flusses (und nie wirst du ins selbe Wasser steigen!), von einer gelatinösen, flüssigen, klebrigen Dauer, vom Sand zwischen deinen Fingern, vom Widerschein der Jahreszeiten, von einer sich bewegenden Masse, die vorrückt, sich selbst verbrennend, Lava der Jahre, Fluß, wandernder Tod. Sein Leben zeigt sich mir im Gegenteil als eine lange Reihe aufeinanderfolgender Reglosigkeiten, getrennt durch große Leerräume, konfuses Nichts. Als eine Sammlung von Schnappschüssen, deren chronologische Ordnung durcheinandergebracht worden wäre und die, vor meinem Blick auftauchend, mir eine Anstrengung des Gedächtnisses oder der Phantasie abverlangte, um anhand ihrer wahrscheinlich verblaßten Oberfläche, auf der sich Gesichter, Lachen, Gärten, Eukalyptusbäume, Hunde, Kinder, Äpfel – mit oder ohne Apfelbäume –, Meere, Frauen, Traurigkeiten sowohl verbergen wie enthüllen würden, um anhand all dieser erstarrten Zeichen die verdunkelte Bewegung zu rekonstruieren, die zu diesen vom Zufall herausgehobenen Momenten geführt hatten, die, keiner weiß warum, vielleicht zum Nachteil sehr viel wichtigerer Ereignisse, bewahrt wurden.

Reglosigkeiten, jedoch schwindelerregende; glatt an der Oberfläche, vielleicht sogar flach, oder trübe, jedoch von innen her durch einen schrecklichen reglosen Wirbel aufgewühlt; ein entfesseltes Gedächtnis, das in einer blendenden Momentaufnahme alle dunklen, jäh evident gewordenen, unstreitigen Zusammenhänge zwischen den zumindest dem Anschein nach heterogenen Ereignissen aufdeckt: ein Sommerregen und eine gewisse Heftigkeit der Gefühle; ein eisiges

Licht auf einem Parkplatz an der Gare de Lyon und eine bestimmte zwanghafte Gestalt des Todes; die strahlende und zugleich trübe gelbe Farbe eines Glases Pastis und die plötzlich aus dem Nichts aufgetauchte Architektur eines Romans, den man schreiben möchte. Dinge dieser Art, geistige Begegnungen dieser Art, blitzartig.
Ich betrachte Manuel, der noch immer unermüdlich mit dem Löffel in seiner Kaffeetasse herumrührt. Sein ganzer Körper ist regungslos, der Oberkörper an den Rand des Tischs gelehnt, leicht nach links geneigt, denn sein linker Arm ruht auf dem gelackten Holz, die Hand geöffnet, flach aufliegend, diesen Arm verlängernd, auf dem der obere Teil des Körpers lastet, mit einer Schwere, die ebensosehr Mattigkeit wie Bestürzung verrät; das geneigte Gesicht mit den beiden Schattenlöchern der unsichtbaren Augen; und die rechte Hand, gleichsam von einer ununterdrückbaren Kraft belebt, die mit dem Löffel in der Kaffeetasse herumrührt und manchmal das geblümte Porzellan zum Klirren bringt.
– Heidi!

Lorène war endlich gegangen, ich hatte die Kellnerin gerufen, ich hatte Lust auf eine zweite Tasse Kaffee, als ich an dies alles dachte. Denken ist übertrieben. Ich hatte Lust, mich gehen zu lassen, dem Gedächtnis seinen Lauf zu lassen. Aber der Name Heidi, mit lauter Stimme gerufen, der eine flüchtige äußere Realität gewonnen hatte, zuerst ein wenig guttural, dann aber in der Vibration des letzten Vokals hell tönend, hatte mich für einen Moment von den Erinnerungen abgelenkt, denen ich mich willentlich überlassen wollte. Dank Lorène, ihrer Sonnenbrille, ihrem entblößten Gesicht – als hätte diese doch übliche Geste heute die erschreckende Evidenz der Landschaft enthüllt – hatte ich dieselbe Gewißheit wiedergefun-

den, jedoch umgekehrt, mit einem anderen Vorzeichen versehen, die ich schon vor sechs Monaten in der Apotheke von Gros-Noyer-Saint-Prix empfunden hatte. Aber der Name Heidi, gleichsam hinter mir schwebend, in dem leeren schattigen Raum, der meinen Tisch vom Eingang des Cafés trennte, hatte meine Aufmerksamkeit jäh von dieser wiedergefundenen Gewißheit abgelenkt, um mich in eine sehr viel fernere Vergangenheit zu tauchen.
Unter der Lampe sitzend lasen wir, meine Brüder und ich, der Reihe nach mit lauter Stimme Heidis Abenteuer. Die deutsche Gouvernante überwachte die Lektüre, hin und wieder die Aussprache korrigierend. Dann, wenn die Seite zu Ende war, mußten wir übersetzen. Und rings um dieses manchmal präzise und kontrastreiche, manchmal völlig verschwommene Bild, in dem es dem Gesicht der Gouvernante nie zu gelingen schien, innere Beständigkeit zu erlangen, da es bald die Züge von Fräulein Kaltenbach, bald die von Fräulein Grabner zeigte, als hätte diese Person in der Erinnerung nur eine gleichsam funktionale Rolle zu spielen, unabhängig von der realen Gestalt der einen oder anderen dieser beiden Frauen, so daß sie in ein und derselben Erscheinung distanzierter Strenge verschmolzen, einem Blick von verwaschenem Blau in einem klobigen Gesicht – rings um dieses zentrale, diskontinuierliche Bild hatten andere Bilder holprige Reihen gebildet, oder Trauben, oder auch fast blendende Magnesiumblitze: die doppelte Reihe der westgotischen Könige, die ganze Allee der Statuen entlang, auf der wir unweigerlich zum Ausgang des Retiro-Parks rannten; und jener Tag im April – im Jahre 1931 –, an dem wir alle steinernen Könige umgestürzt vorfanden, einige säuberlich enthauptet, andere, deren Gliedmaßen verstreut um sie herum lagen, weil die Republik ausgerufen worden war und diese systematische und, wie ich vermute,

fröhliche Zerstörung der steinernen Könige für die jubelnde Menge eine augenfällige Materialisierung ihres Sieges gewesen war, unter Liedern, nehme ich an, und lautem Gelächter, dessen bin ich sicher; und dann, anschließend an dieses Bild der umgestürzten, zertrümmerten westgotischen Könige auf dem Sand der Allee der Statuen, die zu dem Tor des Parks führte, das dem Haus, in dem wir damals wohnten, am nächsten lag, hatte mein Gedächtnis ganz automatisch andere Bilder ans Licht gebracht, Menschenmengen, die, überragt von Fahnen, in dicht geschlossenen Reihen durch die vornehmen Stadtviertel marschierten, all die Jahre hindurch; und das alles zog mich immer weiter fort von Heidi, obwohl dieser mit lauter Stimme gerufene und hinter mir schwebende Name am Ursprung stand, ich meine, daß er mich jede Sekunde weiter von der konventionellen und sanften, rotwangigen blonden Kellnerin dieses Cafés von Ascona fortzog, durch zuweilen dichte, manchmal durchsichtige Schichten von Kindheitserinnerungen, hin zu der anderen, vielleicht realeren Heidi, die in den Seiten des dicken Romans lebte, den wir zu einer bestimmten Zeit unter der Lampe lasen, um unsere Kenntnisse einer Fremdsprache zu vervollkommnen, kurz vor oder kurz nach der gleichartigen Lektüre eines Abenteuerromans, in Frakturschrift gedruckt, *Der letzte Mohikaner*, und mit sehr schönen Gravuren illustriert, der uns ebenfalls viele Wochen beschäftigte.

Aber Heidi stand vor mir.

– Heidi? sage ich zu ihr.

Sie sieht mich an, sie sieht den leeren Stuhl von Lorène an.

– Madame Lorène ist gegangen? fragt sie.

Ich sollte ihr sagen, daß sie gegangen ist, indem sie von neuem den oberen Teil ihres Gesichts mit der Sonnenbrille bedeckt hat, und daß sie mit dieser Geste die Möglichkeit einer unschuldigen Beziehung zu der Welt, die mich umgibt, wiederhergestellt zu haben scheint: zu dem See, der Insel von Brissago, den Hügeln, den Farben. Aber ich sage natürlich nichts. Ich nicke, ich scherze, wie gewöhnlich; ich erfahre, daß ihre Eltern aus Wädenswil stammen, einem Dorf am Zürichsee, an dem man vorbeikommt, wenn man mit dem Schiff eine Rundfahrt auf dem See macht. Es gibt dort Häuser, einen Kirchturm, im Hintergrund die Berge: ein Schweizer Dorf.

Heidi ist gegangen.

Ich habe Zucker in meinen Kaffee getan, langsam rühre ich mit dem Löffel in der Tasse. Mein ganzes Leben liegt vor mir, durchbohrt von einem Blick, der zwar der meine, aber nicht nachsichtig ist, der gleichgültig ist; durchbohrt von diesem Blick und durch ihn transparent geworden, bis hinein in seine unaussprechlichsten Winkel, seine dunkelsten Falten.

Mir war nach Lachen zumute.

Ich irrte mit einer jungen Frau durch Paris, es war Juni. Sie hieß Laurence, ich war ihr vor drei Tagen bei einer Abendgesellschaft begegnet. Es war im Souterrain einer Buchhandlung, in der Nähe der Avenue de Saxe. Sie hatten Schallplatten aufgelegt, wir hatten getrunken, Albert Camus war die ganze Zeit von hübschen Mädchen umringt, das hatte mich irritiert: ich hatte ihn wegen eines seiner feierlichen Leitartikel im *Combat* angegriffen. Es kam zu einer wirren Diskussion, schließlich hatten wir darüber gelacht, der Abend war gelungen.

Im Morgengrauen ging diese junge Frau, die Laurence hieß, neben mir. Wir haben uns auf Bänke gesetzt, wir haben die brillanten Gespräche geführt, wie man sie am Ende durchwachter Nächte führt, und ich habe gewartet, daß sie die Gesten macht oder die Dinge nennt, die uns den Weg in ihr Bett öffnen würden. Sie war ausgelassen, und manchmal streifte ihr Haar meinen Hals, aber von einer bürgerlichen Erziehung hatte sie wohl das Prinzip bewahrt, das besagt, daß der Mann den ersten Schritt tun müsse. Mir war es oft lästig, den ersten Schritt zu tun. Deshalb bin ich später allein zu Michels Eltern zurückgekehrt, Boulevard du Port-Royal.

Dennoch irrte ich seit drei Tagen mit dieser jungen Frau durch Paris. Es war Juni. Unsere Worte wurden immer präziser, immer schamloser. Der Augenblick nahte, wo die Sprache ein Risiko zu werden drohte, eine Wunde, eine tiefe Kluft statt etwas Verbindendes. Ich spürte diesen Augenblick kommen, diese Gewalt, und auch sie mußte das Nahen dieses Ausbruchs spüren, denn manchmal glänzte ihr Blick wie ein schwarzer Stein. Wir waren in Paris an jenem Tag, an einer Bushaltestelle, in der Milde eines frühen Nachmittags. Ein älteres Paar stand neben uns, und die Frau sah mich an, das heißt, sie sah mein kurzgeschorenes Haar an. Ich kannte diesen Blick schon seit über einem Monat, und ich kannte die Fragen, die diesem Blick auf mein kurzgeschorenes Haar im allgemeinen folgten. Das kotzte mich an.

Dann sind der Mann und die Frau, das ältere Paar, als hätten sie sich stumm abgesprochen, einen Schritt auf mich zugegangen, und der Mann hat mit schüchterner Stimme gesprochen.

– Entschuldigen Sie, Monsieur?

Ich drehe mich zu ihm um, und ich kenne die Fortsetzung, und es kotzt mich gewaltig an.

– Kehren Sie aus Deutschland zurück? sagt er.

Ich sehe ihn an, sie sind ängstlich, vielleicht ratlos.

– Nein, sage ich. Ich kehre aus Lamarck-Caulaincourt zurück.

Das war die reine Wahrheit, wir hatten in Montmartre gegessen, und dort hatten wir die Metro genommen, um zurückzukehren. Aber ich sah die Verblüffung auf dem Gesicht der alten Leute, und ich hörte das Lachen von Laurence hinter mir, und ich spürte das Gewicht ihres Körpers auf meinen Schultern, und ihren Arm, der meinen Oberkörper umschlang, und ihre Lippen auf meinem Nacken.

Im allgemeinen fragen sie dich, ob du aus Deutschland kommst, du sagst ja, und sie fragen dich, in welchem Lager du gewesen bist – das alles mit starrem Blick auf dein geschorenes Haar – du sagst es ihnen, und sie hatten einen Sohn, einen Bruder, einen Neffen, der in diesem Lager war, und sie sagen dir den Namen, den Vornamen, sein Geburtsdatum, sie beschreiben dir minutiös die Farbe seiner Augen, seines Haars, und sie wundern sich, daß du ihm nicht begegnet bist, daß er nicht dein Stubengenosse gewesen ist, der, mit dem du Späße gemacht hast wie in der Armee, sonntags vielleicht sogar herumgezogen bist? Die ersten Male gehst du ihnen auf dem Leim, du erklärst ein wenig, wie es war, warum es unmöglich ist, sich an jemanden zu erinnern, von dem man dir diesen lächerlichen Steckbrief gibt, einen Namen, eine Beschreibung seines Äußeren von vorher. Sie bestehen darauf, ganz bestimmt bist du ihm begegnet, er war doch im selben Lager, also! Die ersten Male wirst du schwach, du sagst, daß bei näherer Überlegung, vielleicht, in der Tat, jener Typ, der in Block 34 war, ja wirklich, vage Ähnlichkeit mit ihm hatte, ja, es gehe ihm gut, er sei ein bißchen abgemagert, natürlich, er werde zurückkommen, warum auch sollte er nicht zurückkommen, da du doch hier bist? Warum sollte er so einfach gestorben sein, da du selbst, der du mit ihnen sprichst, doch überlebt hast? Du wirst schwach, du gibst ihnen ein paar Krümel jenes Lebens von anderswo, du sagst ihnen, daß die Männer von Block 34 bei der Evakuierung des Lagers nicht auf den Landstraßen umgekommen sind, daß sie da waren, als die

Amerikaner kamen, und sie glauben dir, keine Sekunde lang würden sie deine Worte anzweifeln, und sie danken dir, am ganzen Leib zitternd, und du schämst dich, es ist ekelhaft.
Aber heute bin ich nicht aus Deutschland gekommen: ich komme aus Lamarck-Caulaincourt, und ich spüre das Gewicht des Körpers von Laurence, ich weiß im voraus, wohin dieses Lachen, das sie schüttelt, uns beide führen wird. Ich spüre ihre Lippen auf meinem Nacken, und ich bin nie in Deutschland gewesen, ich kenne niemanden, der in Deutschland gewesen ist, ich weiß nicht einmal, was Deutschland ist, es sei denn der ferne, abstrakte Ort, aus dem Fräulein Kaltenbach und Fräulein Grabner stammten, früher.
Laurence?
Heidi hatte mich endlich allein gelassen, ich rührte mit dem Löffel in der Kaffeetasse, es war niemand um mich herum. Ich erinnerte mich an Laurence, ich betrachtete verträumt die Insel von Brissago. Ich war noch nicht lebendig, die Landschaft um mich her war noch nicht wieder belanglos geworden in der unproblematischen Herrlichkeit schöner Landschaften. Hier und dort gab es noch Schlieren oder Flecken, die sich meinem Blick widersetzten, die eine unterschwellige, vielleicht unerreichbare Wirklichkeit offenbarten. Aber die Insel von Brissago stand nicht mehr in ihrer schaurigen Evidenz vor meinem toten Blick, vor der totalen Abwesenheit meiner selbst. Ich döste einfach, fand den Rhythmus meiner Adern, das Pochen meines Herzens wieder, fortan überzeugt, von neuem in die süßsaure Banalität des Daseins emporzutauchen. Es würde vorübergehen, wie man sagt.
Laurence hatte mir später erklärt, in ihrem großen Zimmer, das auf einen Klostergarten, auf die Bäume und die Glocke dieses Gartens ging, warum das Lachen die Zwänge aufgelöst hatte, die die Sprache in den letzten drei Tagen zwischen uns

angehäuft hatte. Ich hörte ihr kaum zu, sie sagte des langen und breiten sehr einfache Dinge. Ich vernahm ihre Stimme im Halbdunkel, und ich erinnerte mich an das Bordell in der Rue d'Athènes. Am Ausgang hatte uns die Besitzerin ihre Karte zugesteckt: *Miss Jack*, stand darauf, und die Adresse. Wir waren an einem Samstag hingegangen, nach der Schule. Wir hatten ziemlich lange gewartet, später hat man mich in ein Zimmer eingeschlossen, das Mädchen war da, bereits fast nackt, sie hatte einen blauen Fleck auf dem linken Schenkel, ich sah, wie ich mich auszog, ich hörte sie mit zerstreuter Stimme Obszönitäten sagen, eine Klingel hat geläutet, sehr schnell, um das Ende anzukündigen. Den ganzen restlichen Tag bin ich immer wieder, ich erinnere mich, in irres Gelächter ausgebrochen.

Von neuem lache ich, in Erinnerung an dieses irre Gelächter.

– Warum? fragt Laurence.

Sie sprach nicht mehr, wir lagen im Halbdunkel. Sie bewegt sich, ich spüre ihr Haar über mein Gesicht streichen. Ich lege die Hand auf mein Gesicht.

Warum? Ich erzähle ihr von dem Besuch im Bordell der Rue d'Athènes. Einzelheiten fallen mir ein, während ich erzähle. Wenn ich mich recht erinnere, war das Zimmer von außen verschlossen, über der Tür hing eine metallene, in lebhafter Farbe angestrichene Halbkugel, die den Mechanismus der Klingel verdeckte. Sie hat sehr schnell geläutet, zumindest hatte ich diesen Eindruck, schrill.

– Sehr komisch, sagt Laurence.

– Bordelle sind nicht dazu da, komisch zu sein, sage ich.

– Nein! Sehr komisch, daß ich dich an eine Dirne erinnere.

Sie erinnert mich nicht an eine Dirne, ihre Böswilligkeit liegt auf der Hand. Sie erinnert mich an gar nichts. Sie ist ein ganz kleines Stück Gegenwart, eine Schuppe, ein Splitter Gegen-

wart, im Halbdunkel, auf der zerknitterten Weichheit der Laken. Sie hat sich leicht auf den linken Ellbogen gestützt, ich betrachte die Linie ihrer Hüfte, die Falte der Leiste, das Goldbraun darunter. Sie kann mich an nichts erinnern, die nackte Frau ist eine neue Idee für mich. Der Halsansatz, die Kurve der Schulter, die Dünne des festen Arms, und die Armbeuge, das Handgelenk, die geöffnete Hand, die Finger, die Kehle, die endlose, so glatte Fläche des Bauchs, der zarte Hüftknochen, die langen Beine sind neue Ideen, sie haben keine Vergangenheit. Ich könnte meinen Finger über den Brauenbogen gleiten lassen, über die vorspringenden Backenknochen, über die Kontur der Lippen, über die innere Weichheit ihrer Hüfte, es wäre, als würde ich diese Augenbraue, diese Wangen, diese Lippe, diese Hüfte, diese Höhlung des Bauchs erfinden. Alle diese Körperteile, auf die ich die Hand legen kann, sind nichts als Splitter der Gegenwart, eine Vielzahl winziger Sprünge, hinter denen sich, vielleicht, eine Geschichte auftut: Zeit, Tage, eine Entdeckung, Gewohnheiten, Gesten, Ticks, eine Obsession, Träume, ein Mangel, eine schneeige Dichte, Entsetzen, Stille, ein geteilter Schlaf, die Einsamkeit.
Sie erinnere mich an nichts, sage ich ihr. Sie zögert, verwirrt.
– An nichts?
– An nichts, an Träume.
Das Mädchen in der Rue d'Athènes hatte zu mir gesagt: »Wenn du wiederkommst, frag nach mir, ich heiße Kiki«, und ich hatte genickt. Ich war jung und höflich, von alledem ein wenig überrascht, ich wagte nicht, ihr ins Gesicht zu lachen. Sie saß auf dem Bett, als ich das Zimmer betrat. Auf der Bettkante, die Beine gespreizt, mit abwesender Miene. Ich stand auf der Türschwelle, ich hörte die Tür hinter mir zuschlagen. Kiki hob die Augen – das heißt, jenes Mädchen, das keinen Namen hatte, nie einen Namen haben würde –, sie tat, als sähe

sie mich, sie begann zu reden. Im übrigen hörte sie nicht auf zu reden, bis zum Schluß, bis die schrille Klingel ertönte, die das Ende ankündigte.

Ich lehnte an der Tür, ich sah das Mädchen an. Sie sagte irgendwelche Dinge, ein unanständiges Gebrabbel, sie bewegte sich, um sich zu waschen, sie redete unentwegt, benannte die Dinge, die Bewegungen, die Teile unserer Körper. Ich machte drei Schritte ins Zimmer, ich sah, wie ich mich auszog. Mir war, als verlöre ich dabei meinen Körper, statt ihn zu enthüllen. Mir war, als zerfiele mein Körper in vielfältige Reflexe, Bruchstücke, die irgendwo außerhalb von mir, um mich herum lagen. Es ist schwer zu sagen, und banal. Ich stand in dem winzigen Zimmer mit verriegelter Tür, ohne Fenster, mich im Stehen ausziehend – nur einige wenige Sekunden sitzend, um meine Schuhe aufzuschnüren –, mein Körper kam mir abhanden. Ich war eine Hand, Hände, Beine, Knie, die zitterten, Muskeln, die sich verknoteten, Hitze, Kälte im Nacken, ein Paket Fleisch: ich war verloren.

Das Mädchen ebenso.

Unter meinem Blick schien sie sich aufzulösen. Sie war verstreut, zersplittert, zerfallen. Bereits auf ihr, in dem Augenblick, da ich in diese Abwesenheit eindrang, die nur das lächerliche Double meiner Verstörung war, wußte ich mit Bestimmtheit, daß sie keinen Körper hatte, daß sie in meinem Gedächtnis nie einen haben würde. Schon in diesem Augenblick ahnte ich, daß dieser erbitterte Zusammenstoß körperlicher Objekte – Hände, Münder, Beine und Geschlechtsteile – niemals zur Erkenntnis meines Körpers noch des ihren führen würde, als wäre im wirren Gemurmel ihrer obszönen Worte dieses Mädchen nur deshalb hier in diesem klammen, abgedichteten Raum des verschlossenen Zimmers, damit ich die Unmöglichkeit einer Beziehung von mir zu meinem Kör-

per und von mir zu dem ihren ermesse, als wären diese Verbindungen übereinandergeworfener körperlicher Objekte, im mechanischen Gestammel einer professionellen Stimme, die reale, jedoch inexistente Dinge benannte, nur deshalb da, um die doppelte Abwesenheit zu unterstreichen, die wir bildeten, bis zu dem Augenblick, da das Schrillen der Klingel uns das Ende ankündigte.
Und die ganze Zeit hindurch, sogar nach dieser gebieterischen Klingel, hatte mein Blick in diesem verschlossenen Zimmer geschwebt, in dieser verdünnten Atmosphäre, vielleicht oszillierend zwischen der nackten Deckenlampe und der Ecke der weinroten Tapete an der Wand mir gegenüber; ein kalter Blick, der später das irre Gelächter auslösen sollte.
Ein letztes Mal betrachte ich den See.
Es ist vierzehn Uhr fünfundvierzig, es ist Januar, zehn Minuten sind verstrichen, seit Lorène gegangen ist, wir waren in Ascona, der Schnee beginnt auf den Höhen der Maggia zu schmelzen, mir gegenüber kann ich die Insel von Brissago betrachten, ich kann den Kopf nach links drehen und die weißen Häuser anschauen, die sich der südlichen Landschaft öffnen, ich kann aufstehen und nach rechts zur Brücke gehen, bis Solduno hinaufsteigen, meine Koffer packen, noch heute abend abreisen, ich werde in Genf haltmachen, ich werde die Straßenbahn nach Servette-Ecoles nehmen, sodann durch die dichte Feuchtigkeit der Avenue de la Forêt gehen, an einem der nächsten Tage, in der Morgendämmerung, ich werde in Paris ankommen, ich habe mir in der Schweiz einen neuen Anzug, Schuhe, einen Mantel gekauft, ich bin zwanzig Jahre alt, es wird von vorn anfangen, ich habe Laurence nicht geschrieben, aus Faulheit, Lorène wird mich vergessen, manchmal wird die Winterkälte die Narbe an meinem schlechten Ohr blau werden lassen, ich bin aus einem Vorortszug gefal-

len, genau in dem Moment, als er in den Bahnhof von Gros-Noyer-Saint-Prix einfuhr, Madame Robbe hat behauptet, daß ich mich umbringen wollte, in dem Zimmer, wo ich auf den Doktor wartete, an jenem Augusttag, an dem eine japanische Stadt verschwunden ist, in der Rue Auguste-Rey 47 hängt an der Wand eine kleine republikanische spanische Fahne, dreifarbig – Rot, Gold, Violett –, ich starrte auf die kleine Fahne, während ich auf den Doktor wartete, ich versuchte, mich zu erinnern, woher sie kam, um mich zu zerstreuen, es ist vierzehn Uhr fünfundvierzig, sechs Monate sind verstrichen seit jenem Augusttag, ich war am 1. Mai eingetroffen, dann war ich mit Laurence durch Paris geirrt, wir gingen ins *Petit Schubert* tanzen, Boulevard du Montparnasse, ich hatte ein oder zwei Texte für *Action* geschrieben, die ich mit Falco unterzeichnete, wegen eines spanischen Kumpels, der Lucas hieß, aber unter dem falschen Namen Falco verhaftet und deportiert worden war, ich mochte ihn, ich hatte kein Geld, meine Freunde hatten ein wenig, vor allem Michel, das heißt Michel hatte nicht mehr als die anderen, er lieh mir nur mehr, die Tage vergingen, am zweiten Tag nach meiner Ankunft war ich in die Rue de la Pépinière gegangen, wo die kommunistische Partei Spaniens Büros hatte, ich hatte sorgfältig ein Formular ausgefüllt, eine Biographie, es war das erste Mal, vorher ging das anders vor sich, man durfte keine Papiere herumliegen lassen, ich hatte nichts von meiner sozialen Herkunft verschwiegen, nur durch Unterlassung ein bißchen gelogen, was meine Lektüre betraf, ich hatte es absichtlich unterlassen, auf meine Trotzki-Lektüre hinzuweisen, und auf einige andere, ich konnte mir schlecht vorstellen, das alles dem Genossen zu erklären, der sich in der Rue de la Pépinière um die Abteilung der Kader kümmerte, er war ein braver Kerl, aber nicht einmal in der Euphorie der Befreiung sah er so aus, als würde er verstehen, daß man Trotzki liest, dagegen hatte ich minutiös meine praktischen Kenntnisse geschildert, Umgang mit Sprengstoff, Technik der Entgleisung, und so weiter, ich hatte alle Waffen aufgezählt, mit denen ich umgehen konnte, ich wollte nach Spanien zurück, die Guerilla setzte sich an den Hängen der Hügel Galiziens fest, in Aragon, in den Bergen der Levante, und vielleicht würde dieser Funke ja die ganze Ebene in Brand setzen, jedenfalls suchte man Freiwillige für diesen Kampf, und ich war Freiwilliger, darauf hatte ich am Ende meiner Biographie in einer Anmerkung insistiert, aber ich irrte mit Laurence durch Paris, rings um den Montparnasse, ich irrte um ihren Körper herum, es war das erste Mal, daß eine Frau einen Körper hatte, das erste Mal, daß ich selbst

(und dennoch, als er sich an den Körper von Laurence erinnert, in der Januarsonne in Ascona, kurz vor drei Uhr nachmittags, zur Zeit, wo sich die Nebentische allmählich füllen, wo sich um ihn her allmählich das Stimmengewirr vernehmen läßt, das er indes nicht hört, in diesem Augenblick seines sehr präzisen, vielleicht sogar nachsichtigen Gedächtnisses gibt es etwas, dem es zum zweiten Mal nicht gelingt, aus dem Vergessen emporzutauchen;

und vielleicht ist dieses Vergessen bezeichnend, urteilen Sie selbst;

sie lagen im Halbdunkel; das Bett von Laurence stand parallel zu dem hohen Fenster, das sich auf einen Juniabend, auf die milde Kühle eines Klostergartens öffnete; er betrachtete Laurence, deren Gesicht sich zu ihm hob, und er sah hinter dem Gesicht von Laurence das Rechteck des offenen Fensters, wo das Licht zu gerinnen schien, alles der Welt noch verbliebene Licht war in diesem Rechteck kristallisiert, wie der Zucker am Rand der Gläser, aus denen man eiskalten weißen Rum trinkt;

und während er Laurence ansah, die Fläche seiner linken Hand vielleicht auf der Hüfte der jungen Frau, sprach er zu ihr;
»kein Gedächtnis«, sagte er;
er sagte: »nichts, du kannst mich an nichts erinnern, nichts, Träume, ich erfinde dich«;
sie drängte sich an ihn, verwirrt, sprach zu ihm;
und hinter diesem zu ihm erhobenen Gesicht von Laurence, deren Augen nicht länger offen bleiben konnten, als wäre sie geblendet, vielleicht von der erahnten Unabsehbarkeit der Kräfte, der Bindungen, der Spiele, der Komplizenschaften, die diese körperliche Erfindung des von anderswo gekommenen jungen Mannes ihr verordnete, hinter diesem blinden und durchsichtigen Gesicht, dessen fast ekstatische Reglosigkeit die ständige Bewegung ihres übrigen Körpers, der an ihn gedrängten Beine und Hüften unterstrich, hinter Laurence drang durch das noch erleuchtete Rechteck des Fensters der schüttere Klang einer Glocke zu ihnen;
als verwandelte sich der letzte Schimmer des Tages in Geräusch, Lärm, ein metallenes Rascheln des Halbdunkels, das klangliche Äquivalent eines fadenscheinigen, ausgedünnten, bald dahingeschwundenen Lichts;
und da glühten in einem weißlichen, fast blendenden Blitz Bilder auf in seinem stets lauernden, verzehrenden Gedächtnis, stets bereit, die Gegenwart einzudicken, zu trüben, auf einen bunten, beweglichen, fast irrealen Saum zu reduzieren;
und er befand sich im Salon der *Feldgendarmerie*, in Joigny, auf einem Stuhl vor der Fenstertür, die auf einen Park geöffnet war, auf ein Septemberlicht, auch einen Glockenton in der Ferne;
eine Harfe;
in dem all seiner Möbel beraubten Salon mit den nackten

Wänden, auf denen noch die helleren Flecken der abgehängten Bilder zu sehen waren, stand eine Harfe;
ungewöhnlich;
deren Holz vermutlich einmal vergoldet war, jetzt aber abgeblättert, gräulich, von einem schmutzigen, stellenweise noch gelben Grau;
vollkommen ungewöhnlich;
gierig betrachtete er die Harfe rechts von der Fenstertür, die auf den Park ging, sich an ein lächerliches Gedicht seiner Kindheit erinnernd, dessen Verfasser, vielleicht um die nebelhafte, romantische Inspiration seines schmalen Werks zu betonen, denn er war jung gestorben, an galoppierender Schwindsucht, den doppelten Vornamen Gustavo Adolfo getragen hatte;
mit leiser Stimme;
del salón en el ángulo oscuro – silenciosa y cubierta de polvo – veíase el arpa;
die beiden Typen von der Gestapo und die *Feldgendarmen* hatten ihre Position verändert, miteinander sprechend, und verbargen ihm jetzt fast die stille und staubbedeckte Harfe seiner Kindheit;
die mit einem Mal real geworden war;
sogar realer als jene, wirklich vergoldete, die sich im Salon einer alten Tante in Valladolid befand, bei der sie einmal Rast gemacht hatten, auf dem Weg zu den Stränden des Nordens;
sie, die alte Dame, hatte ihnen bittere heiße Schokolade vorgesetzt, in ganz kleinen Porzellantassen, mit einem großen Glas eiskaltem Wasser, in dem sachte ein Stück Zucker schmolz;
aber er sah die Harfe dieses großen Hauses in Joigny nicht mehr, weder den Park noch das Septemberlicht, denn alles war jetzt von der Gruppe der *Feldgendarmen* verborgen, die einen Halbkreis bildeten, auf ihn zukamen, im Getöse von Gelächter und Schreien;

das Gelächter, die Harfe, das Gedächtnis;
damals, in den Armen von Laurence, hatte er sich an jene Episode von Joigny erinnert, und das ganze Gedächtnis war in diesem Ereignis enthalten, alle seine Resonanzen;
Gustavo Adolfo Bécquer, die alte Tante aus Valladolid, eine Kindheit;
doch nichts hatte ihm damals, in den Armen von Laurence, auch später nicht in Ascona, als er sich an Laurence erinnerte, das Gesicht oder den Körper oder die Worte jener Frau in der Rue Visconti in Erinnerung gerufen;
als hätte sie nie existiert, als wäre er nie mit Hans durch den Park Monsouris gegangen, den Weg jener Frau kreuzend, jenen auf ihm ruhenden Blick, und Hans nannte ihm die Adresse, das Kennwort für das Treffen am nächsten Tag;
als hätte sie nie existiert;
warum dieses Vergessen?
aber es ist eine Tatsache;
es war vierzehn Uhr fünfundvierzig, er hatte soeben beschlossen, am nächsten Tag die Schweiz zu verlassen, er würde sich ein letztes Mal mit Lorène treffen, in ihrem Haus in Ascona, von dem aus man den See, die Berge, die Insel von Brissago sah;
Lorène wäre nackt, mit einer heftigen, vielleicht verzweifelten Geste würde sie die festonierte Tagesdecke aus weißer Baumwolle zurückschlagen;
später würde er neben ihr liegen, mit dem Rücken zum Fenster, und der See befände sich hinter ihm, die Dächer der Häuser von Ascona, die Landschaft, alle Dinge, die absolut gewiß waren, obzwar unsichtbar, obzwar nur durch einen Sonnenreflex anwesend, der von ihnen ausginge, wie ein Lauffeuer bis in den hinteren Teil des Zimmers dringend;
sie schwiege, denn sie hätte verstanden, daß er abreisen würde;

Lorène;
es wäre schon mehrere Wochen her, daß sie, an einem Nebentisch, ihre Sonnenbrille abgesetzt haben würde, ihr Gesicht entblößend, mit einem Mal aus dem Schatten tauchend;
ihre Augen, der Bogen ihrer Brauen, ihre hohen Wangenknochen, die schreckliche, mineralische, unzerstörbare Zartheit ihres Gesichts;
heute würde er schweigend Lorènes Körper streicheln, ihre Hüfte, ihre Flanke, ihre Schulter, unter der Tagesdecke aus weißer Baumwolle;
Leichentuch aus Schnee, würde er denken;
Schnee und Flieder, würde er denken, auf dieser jungen Toten;
er würde lächeln, sie streichelnd;
er wäre im Jahr zuvor genau zum 1. Mai zurückgekehrt, und die Maiparade löste sich an der Place de la Nation auf, wobei sich diese Flut in vielen Bächen durch die kleinen Straßen ergoß, und auf das Ende dieses Umzugs, auf die entfalteten Fahnen war Schnee gefallen;
ein plötzlicher Schneeschauer am 1. Mai, wer erinnert sich daran?
jetzt würde er sich an diesen leichten Schnee erinnern, der auf den Haaren, den Händen, den Fahnen, den Transparenten schmolz, im Lärm der Menge schmolz, diese festliche Menge mit einem ephemeren Leichentuch bedeckend;
der 1. Mai, an der Place de la Nation;
und er, ganz allein in einem Café mit Tabakladen, in der lärmenden Hitze der sich auflösenden Demonstrationszüge, auf die Theke gestützt, dicht an einer wieder um ihren Schaft gerollten roten Fahne, hätte den Refrain vernommen, den alle Welt in jenem Jahr sang, den ein Radioapparat von sich gab und in dem von Flieder, Gärten voller Flieder die Rede war;

heute würde er sich an den Schnee und den Flieder erinnern;
endlich;
er würde sich erinnern, daß er mit Laurence durch Paris geirrt war, rings um den Montparnasse, daß er um den Körper dieser jungen Frau herumgeirrt war, es war das erste Mal, daß eine Frau einen Körper hatte);
das erste Mal, daß ich selbst die Existenz meines Körpers – ebenso real und lebendig wie die des Schmerzes – in der Lust des Anderen entdeckte, mit Laurence.
Ich betrachte den See ein letztes Mal, ich rufe Heidi, ich zahle, ich gehe.

Er öffnet die Augen in der Übelkeit des wiedergekehrten Bewußtseins. Die Gegenstände um ihn herum sind weiß, es gelingt ihnen nicht, in seinem Blick zum Stillstand zu kommen. Oder vielleicht ist es sein Blick, der flackert. Jedenfalls ist das alles von großer Banalität. Auch wenn er es zum ersten Mal empfindet, so ist es doch ein bekanntes Gefühl, hundertmal hat er dessen Schilderung gehört oder gelesen. Er weiß ganz genau den Grund für dieses Übelkeit erregende Schwanken, wenn man in den Dämpfen der Anästhesie wieder zu Bewußtsein kommt.
Und da schließt er die Augen.
Einige Zeit ist verstrichen, ohne innere Anhaltspunkte. Eine schwammige Masse aus Anwesenheit und Abwesenheit. Konfuse Pulsschläge. Ein wattiger Traum. Fast nichts.
Es gibt nur zwei Wörter, um dennoch eine gewisse Ordnung in all diese Konfusion zu bringen: das Wort *vorher* und das Wort *nachher*.
Vorher hat der Doktor ihm geholfen, die Treppenstufen der Klinik in Montlignon hinaufzusteigen. Auf der Terrasse hat er sich kurz umgedreht und den Park betrachtet. Es gab nichts

dazu zu sagen: es war hell, sauber; eine Landschaft ohne Fallen. Er sah die doppelte Freitreppe, die befahrbare Allee, weiter entfernt die Bäume und am Ende einen kreisförmigen freien Raum, eine Art Lichtung, mit Bänken, ein steinernes Becken, vielleicht sogar Wasser.

Vielleicht ist die äußere Welt ja wirklich unanfechtbar, in sich geschlossen und zugleich allen Blicken offen. Das wäre beruhigend.

Er wendet sich dem Doktor zu und sagt: Gehen wir.

– Gehen wir! sagt er.

Der Doktor nickt, sie gehen.

In der Klinik gab es Besprechungen, auszufüllende Papiere, leere, öde, fast faulende Zeit. Dann lag er auf dem Operationstisch.

Ein weißer Schatten tauchte kurz über ihm auf, die Stimme einer der Nonnen ließ sich vernehmen. Sie sagte, er solle tief und regelmäßig atmen, und er solle zählen, eins, zwei, drei und so weiter, bis daß der Tod eintrete. Das heißt der vom Chloroform verursachte kleine Tod der Bewußtlosigkeit. Jedenfalls hat nicht die Nonne vom Tod gesprochen, weder vom großen noch vom kleinen: sie hat lediglich gesagt, er solle zählen, und die Anästhesiemaske wurde ihm aufs Gesicht gelegt.

Er hat tief geatmet, wie man es ihn geheißen hatte, dabei mit lauter Stimme zählend. Zuerst ist es angenehm. Wie eine Kühle, die dich durchdringt, dich von innen gleichsam porös macht. Eine Kühle, die dich allmählich zersetzt, dich sanft in alle vier Himmelsrichtungen verstreut, freilich mit dem Gefühl einer undeutlichen Kohärenz, die die hundert verschiedenen Sphären, die tausend schillernden, silbrigen Pailletten deiner Empfindungen zusammenhielte. Er atmet regelmäßig, und mit einem Schlag kommt die Angst, eisig. Der Schnitt ist getan. Er beginnt zu schweben, ganz allein, sich immer schneller, im Ersticken, von der äußeren Welt zu entfernen, deren Klangsignale ihn zwar noch erreichen, schrill, bald aber jede Bedeutung verlieren: die Sätze verwandeln sich in Wörter, die Wörter in Geräusche, das Geräusch in die jähe Explosion der Stille.

Und genau in diesem präzisen, winzigen Augenblick, als er, schon kraftlos, gegen diese unausweichliche Entfernung ankämpfte, hat sich von neuem eine Erinnerung an Schnee materialisiert, ihn ganz und gar mit einer Art flockigem Leichentuch bedeckt.

Welcher Schnee?

Er sinkt in Bewußtlosigkeit, noch bevor er diese Erinnerung an Schnee hat identifizieren können, der er die ganze vorige Nacht lang, in der Schlaflosigkeit des Gedächtnisses, vergeblich nachgejagt war.

Dabei gibt es alle möglichen Arten von Schnee.

Der Schnee der Sonntage, anderswo, in der Guadarrama.

Das große rote Oldsmobile war wie gewohnt über die Boulevards gefahren. Sein Vater hatte an derselben Tankstelle angehalten, um vollzutanken. Rechts, hinter San Bernardo. Sein Vater war aus dem Wagen gestiegen, er hatte seine Handschuhe ausgezogen, er sprach mit dem Mechaniker. Es gab die Zeremonie des Wassers, des Öls. Ein langes männliches Palaver rings um die geöffnete Motorhaube. Das rote Oldsmobile hatte einen starken und geheimnisvollen langen Motor, der die Bewunderung des blassen kleinen Lehrlings erregte, der sein Haar, das ihm über die Augen fiel, immer wieder mit einer ruckartigen Kopfbewegung wegschüttelte und der um den Wagen herumschlich, sich die Hände an einem fettfleckigen Lappen abwischend, bis der Mechaniker ihn zu irgendeiner niederen Arbeit wegschickte: Wasser holen, einen Ölka-

nister, irgendein Werkzeug, das er benötigte. Später, nach beendeter Zeremonie, begann die Fahrt in den Schnee zwischen den silbergrauen Eichen der Ebene, den Schwarztannen der Höhen, bis zum Gipfel der Sierra de Guadarrama.
Jener Schnee der Sonntage, früher?
Wäre er nicht bewußtlos gewesen, dann hätte er den Kopf geschüttelt, diese Erinnerung verweigert. Es war nicht dieser Schnee, dessen Vergessen ihn quälte, dessen Abwesenheit sein Gedächtnis heimsuchte. Jener Schnee der Sonntage, früher, in der Guadarrama, war offensichtlich, er stand außer Frage. Ganz bestimmt war es ein anderer Schnee.
Der Schnee der Sonntage, anderswo, in Deutschland?
Der Schnee war natürlich die ganze Woche über da, monatelang. Er bedeckte das Lager, die Fabriken, die Straßen, die Wachtürme, die Welt, die ganze Woche lang. Es war der Schnee des Erwachens, frühmorgens um vier Uhr, der seine leichten Flocken im Licht der Scheinwerfer wirbeln ließ. Man verließ den Block, tagtäglich tauchte man in die schillernde Dichte dieses Schnees, montags versank man in diesem Schnee, dienstags auf dem Weg zum Appellplatz, mittwochs unter den schrillen Pfiffen, die die Nachzügler herbeitrieben, donnerstags diejenigen, die so lange wie möglich unter dem Zementvordach von Block 40 warteten, bevor auch sie losrannten, freitags, um die im Gleichschritt marschierende Kolonne einzuholen, unter dem Schnee des Samstags, aller Tage, bis zum Appellplatz, wo die geraden dichten Lichtbündel der Scheinwerfer kleine Scheiben luftigen, tanzenden Schnees aus der brutalen Dichte der Nacht herausschnitten. Der Schnee war alle Tage da, jedoch wie ein aktives Element des Dekors, wie ein Hindernis, eine Falle, ein Feind, dessen man sich immerzu, während der gesamten Arbeitszeit erwehren müßte, und nur sonntags, nach dem Mittagsappell, in der ungeheuren

Klammheit dieses Müßiggangs, konnte er betrachtet werden, wurde er wieder schön und natürlich, und dadurch noch beunruhigender, wenn man es recht bedenkt, dieser schreckliche Schnee auf einer weihnachtlichen, trügerischen Landschaft.

Aber es ist auch nicht dieser Schnee der Sonntage anderswo, in Deutschland.

Welcher Schnee?

Er hörte die Stimme des Chirurgen und der Nonnen um sich her, immer präziser und überflutender und gleichzeitig immer bedeutungsloser, völlig unverständlich; von neuem hatte er diese Erinnerung an Schnee, dann verlor er das Bewußtsein.

Erst sechs Monate später, als er neben L. in Ascona saß und den See, die Insel von Brissago betrachtete, als er dieses Vergessen, diesen Gedächtnisverlust völlig vergessen hatte, identifizierte er ganz unverhofft die Erinnerung an jenen Schnee des 1. Mai an der Place de la Nation.

Er war tags zuvor angekommen, am Nachmittag. Der Lastwagen hatte in der Rue de Vaugirard angehalten, wo sich eine Aufnahmestelle für Heimkehrer befand. Es hatte einen Willkommenstrunk gegeben, einige Reden, dann hatte man ihn in Ruhe gelassen. Und den restlichen Tag und die ganze Nacht war er von einem Haus von Freunden zum andern gelaufen, in der Freude, noch zu leben. Er ist zur Rue Blaise-Desgoffe, zur Rue Pérignon, zur Rue de Maubeuge, zum Boulevard du Port-Royal, zur Rue du Dragon gegangen. Er weiß nicht mehr, wo er im Morgengrauen eingeschlafen, in einen endlosen Schlaf gesunken ist, und als er an der Place de la Nation ankam, löste die Demonstration sich gerade auf.

Er stand auf der Straße, inmitten der Menschenmenge, eine letzte Flut roter Fahnen strömte auf ihn zu, als der Schnee fiel. Ein kurzes, leichtes Gestöber, das am 1. Mai in Paris mit glänzenden, sofort schmelzenden Flocken Hände und Gesichter, Fahnen und Bäume, die Menge, den Himmel bedeckte. Als wäre dieser letzte flüchtige Schnee nur deshalb plötzlich gefallen, um das Ende des Winter hervorzuheben, das Ende des Krieges, jener Vergangenheit. Als wäre all der Schnee, der so lange Zeit die Buchen des Waldes rings um das Lager bedeckt hatte, soeben geschmolzen, von einem leichten Gestöber geschüttelt, das die roten Fahnen erbeben ließ, sie entfaltete, so daß mit einem Mal nicht mehr Trauerflor sie überzog, sondern glitzernder Frühlingsflor.

Und er hatte gelacht, das Gesicht zu diesen leichten Flocken erhoben, zu diesem durchsonnten Schnee, diesem kurzlebigen Winter, diesen roten Fahnen, die vorrückten wie eine singende Flut, ein Wald, eine Freude, ein Sieg.

Der 1. Mai an der Place de la Nation, im Jahr seiner Rückkehr.

Aber auf dem Operationstisch hatte er sich nicht daran erinnert, bevor er der Wirkung des Chloroforms erlag, auch nicht in der Nacht davor, als dieser abwesende Schnee und dieser Flieder eines Refrains, der in jenem Sommer in Mode war, ihn verfolgten. Er hatte sich später daran erinnert, als er in Ascona neben L. saß.

L. hatte gesagt: Welcher Schnee?

Er hatte gelächelt, er hatte nicht geantwortet. Er hatte einen Schluck Wasser getrunken. Sie hatte insistiert.

– Warum Schnee? hatte L. gesagt.

Da hatte er sich L. zugewandt, und sie war in der Kälte seines Blicks erstarrt, sie hatte verstanden, daß er allein sein wollte. Er war allein gewesen.

Doch als in Ascona diese Erinnerung an Schnee und Flieder transparent geworden war, ist er, vielleicht weil er sie für sich behalten hatte, ohne L. etwas davon zu sagen, an der Oberflä-

che dieser Erinnerung geblieben, hat sie nicht wirklich vertieft, nicht genügend erforscht, um eine andere Erinnerung an einen 1. Mai aufspüren zu können, im selben Viertel der Place de la Nation, sechs Jahre zuvor.
Er war Interner im Henri IV, in der dritten Klasse. A.J. war im Hypokhâgne, ebenfalls Interner. A. J. war klein, rundlich, schlecht gekleidet, er kannte Hölderlin auswendig, die *Briefe an Diotima*. Einen Monat zuvor, auf den Tag genau, war der spanische Krieg zu Ende gegangen: man versank in Stumpfsinn. An jenem 1. Mai 1939 hatte A.J. ihn zur Mai-Demonstration begleitet. Alles spielte sich in den kleinen Straßen hinter der Place de la Nation ab, es war kläglich. Die Wagen der Gendarmerie drängten sich in den Seitenstraßen, behelmte Bereitschaftspolizisten mit geschulterten Karabinern umzingelten das Viertel. Das Wetter war grau, eher kühl. Die Mai-Demonstration war, herzzerreißend, vor leeren Trottoirs vorübergezogen, da keine Menschenmenge herbeigeströmt war, nur vereinzelte, ob ihrer geringen Zahl beschämte Gruppen. Ein Wind der Niederlage wehte über diesen Fahnen, diesen unglücklichen, ohnmächtigen, in ein soziales Getto abgedrängten Arbeitern, deren kleine Zahl nicht die Entschlossenheit, die latente, mögliche, vielleicht sogar bald explodierende Kraft einer Avantgarde verriet, sondern im Gegenteil eine Ebbe, ein Wellental. Diese Arbeiter des 1. Mai 39 marschierten nicht an der Spitze einer noch unentschlossenen, vielleicht mobilisierbaren Masse, sie waren lediglich die Überreste, die ein sich zurückziehendes Meer auf dem Strand hinterläßt: abgebrochene Zweige, krummes Holz, Rindenstücke, Schaumspuren, die auf dem wieder trockenen Sand den höchsten Stand markieren, den die vergessene Springflut erreicht hat.
Und so hatte er sich, zusammen mit A.J., die Mai-Demonstration angesehen. Irgendwann wurde aus den spärlichen

Reihen der Zuschauer Beifall geklatscht. Es waren die spanischen Freiwilligen, die hinter einer Trikolore der Republik vorbeizogen, einer Fahne, die sich schlecht in dieses Grau in Grau einfügte und schmerzlich dagegen abstach mit der lachhaften Pracht ihres Rot, Gold und Violett: strahlend. Einer Fahne, die der zusammengedrängten kleinen Schar der spanischen Freiwilligen voranflatterte, der ehemaligen Kämpfer eines seit einem Monat verlorenen Krieges.

Und da hatte A. J. mit dem Finger auf André Marty gezeigt, und sie hatten die Faust erhoben, alle beide, so wie man vermutlich vor dem Erschießungspeloton, vor einem ermordeten Genossen, vor dem Tod, dem Vergessen, der Verzweiflung die Faust hebt. Und an jenem Abend, dem Abend jenes 1. Mai, hatte Armand ihm den kleinen Band der *Briefe an Diotima* geliehen und war er, für immer, der Faszination Hölderlins erlegen.

Einmal indes, Jahre später, zehn Jahre nach dieser unvollständigen Erinnerung von Ascona, hat er sich an all das erinnert, in all seinen Einzelheiten und Winkelzügen, in Madrid, auf der Plaza de la Cibeles, dem Platz der Kybele, im Juni 1956, um sechs Uhr morgens.

Kybele?

Er stünde dort, regungslos, zehn Jahre später, dem wegfahrenden Taxi nachblickend. Hinter ihm befände sich das neoklassische Gebäude der Bank von Spanien; ihm gegenüber das mit kleinen Säulen, Friesen und Erkern überladene Gebäude der Hauptpost. Das Taxi wäre nach rechts abgebogen, am Prado entlang.

Mechanisch würde er das alles betrachten, so wie man einen völlig vertrauten und deshalb fast unsichtbar gewordenen Ort betrachtet. Die Göttin Kybele stünde auf ihrem Wagen, umringt von steinernen Löwen, inmitten der Wasser eines großen Springbrunnens. Zerstreut würde Manuel, in der banalen Müdigkeit einer durchwachten Nacht, diese steinernen Löwen betrachten, diese Göttin Kybele, diese sprudelnden Wasser. Vielleicht würde er sich eine Zigarette anzünden, er würde sich in Bewegung setzen, ohne die Kybele wirklich gesehen zu haben, weder die steinernen Löwen noch das Wasser des Springbrunnens noch die Bäume der Promenade, die sich links und rechts des Platzes erstreckt und die Stadt von Norden nach Süden mit einem Grünstreifen durchschneidet. Sogar ohne den durchsichtigen, noch blaßblauen Himmel gesehen zu haben, an dem die Sonne sich noch nicht zeigen würde, an dem die Sonne ihre baldige Anwesenheit nur durch eine seitliche Beleuchtung, einen vagen Schein ankündigen würde, vor den Augen Manuels, dessen Gesicht der Fassade der Hauptpost zugewandt wäre.

Und in dem Augenblick, da er sich in Bewegung setzen würde, wäre ihm die dichte Stille aufgefallen. Einen Augenblick lang würde absolute Stille herrschen auf dem menschenleeren Platz, im seitlichen Licht einer noch verborgenen Sonne, und in dieser ungeheuren Stille hätte er das Murmeln der Springbrunnen gehört, das Geräusch des rings um die Göttin Kybele aufsprühenden Wassers.

Und da hätte er sich erinnert.

Im Juni 1956, auf der Plaza de la Cibeles.

Manuel ist von einer Versammlung gekommen, die die ganze Nacht gedauert hat, und im Laufe jener Nacht hatte er manchmal an Hans gedacht.

Hans?

Sie waren in einem Sommer gemeinsam durch den Park Montsouris gegangen. Die junge Frau, die ihren Weg kreuzte, war schön.

– Wirst du dich erinnern? hatte Hans gesagt.

Und er: Das vergißt man nicht.
Dennoch hatte er es vergessen. Aber nur, um sich zu schützen, seiner inneren Ruhe wegen.
Am nächsten Tag hatte er an eine Tür geklopft, in der Rue Visconti. Es gab dort Bücher. Ein Baum regte sich, seine Blätter, in einem Innenhof. Sie hatten im Rauschen dieser Blätter geredet, in der Rue Visconti.
Manuel hatte nach einer Reihe von Hinterhalten der Gestapo den Kontakt zur spanischen Untergrundorganisation verloren. Diese junge Frau arbeitete in der Kaderabteilung des MOI. Sie sollte sich um Manuel kümmern.
Sie redeten.
Sie war gründlich, wollte alles wissen, alle Einzelheiten seines Lebens, seiner Beweggründe, seine Lektüren, seine Pläne. Der Baum regte sich draußen in der milden Luft. Er hat alles gesagt. Sie hat gezittert, ihre Lider, als er von seiner Heimat sprach: von der Nacht in Lekeitio, den ersten Verwundeten jenes Krieges, den »Junkers« über Bilbao. Hat sie gezittert? Es war ihm so vorgekommen.
Dann war Stille eingetreten, sie hatte Tee gemacht, es gab nur noch einen Sonnenstrahl in einem Spiegel im hinteren Teil des Zimmers, blendend.
Dann erlosch der Sonnenstrahl.
Dann hätte er fortgehen können, alle Treffen waren vereinbart. Nichts hielt ihn zurück, auch sie nicht, die schwieg. Er ist aufgestanden, er hat die Titel der Bücher auf den Regalen betrachtet. Er hat einen Band herausgenommen, Gedichte, er las einige von ihnen. Sie stand neben ihm, sie kannte sie auswendig, mit geschlossenen Augen.
Dann war sie in seinen Armen gewesen.
Später sprach sie mit brüchiger Stimme. Später, im Halbdunkel, zerrissen, blind, noch unbefriedigt, erfüllt von Lachen,

entzückter Bangigkeit. Er hatte im Dunkeln gesagt: Wie heißt du? Natürlich würde sie es ihm nicht sagen. Sie war aus dem Zimmer gegangen und zurückgekehrt, bleich, fiebrig, weit weg.

Sie hatte die Treffpunkte wiederholt, die Losungen, die zu erledigenden Dinge, ihre Arbeit.

Auf der Türschwelle jedoch hatte sie verstohlen ihre Hand zu seinem Gesicht ausgestreckt.

– Stirb nicht, sagte sie.

Er lachte, beleidigt, daß man ihn für sterblich, ja nur verwundbar halten konnte. Er hatte nicht verstanden, von welchem Tod sie sprach.

Draußen war die Nacht menschenleer, er hatte nicht darauf geachtet.

In der Rue Jacob war aus dem Dunkel ein Schatten aufgetaucht, ein Polizist. Auf dessen Fragen hatte er gesagt, er sei auf dem Heimweg. Aber die Sperrstunde war schon gekommen, ohne daß sie es gemerkt hatten.

Er war in die Wohnung in der Rue Visconti zurückgekehrt. Die junge Frau war deswegen ungehalten gewesen. Ein illegaler Ort, natürlich, so etwas tat man nicht. Er hat auf einem Sofa in dem großen Zimmer geschlafen. Von neuem das Blätterrauschen. Im Morgengrauen indes, als der Spiegel das heraufdämmernde Licht auf sich zog, ist sie zu ihm gekommen.

Einige Tage später sprach Hans.

Sie war Wienerin jüdischer Herkunft, schon in sehr jungen Jahren hatte sie im Apparat der Komintern gearbeitet. Es lag wohl in der Familie. Sie sprach alle Sprachen, in Spanien war sie die Sekretärin eines sowjetischen Militärberaters gewesen.

Einige Tage später sprach Hans, mit geschlossenen Augen.

Sie hatte einen jungen Russen geliebt, einen Panzeroffizier, in

Spanien. Alle waren sie nach der Rückkehr in ihre Heimat erschossen worden. Auch ihr Vater und ihr Onkel, eines Nachts waren sie aus dem Hotel Lux verschwunden, keiner wußte, wessen man sie angeklagt hatte: des Trotzkismus, so schien es, dieses universalen und vielgestaltigen Verbrechens. Sie selbst hatte ab 1940 in Frankreich in der Spezialabteilung des MOI gearbeitet. Im Schweigen gefangen, vielleicht den Tod suchend, bei den schwierigsten Aufträgen.

Eines Tages hatte sie Hans alles erzählt. Aber Hans hatte die Gabe, Menschen zum Erzählen zu bringen.

Schweigen auch zwischen ihnen, Hans und ihm.

Dann hatten sie beschlossen, das alles auszuklammern. Er hatte gesagt: Jetzt kämpfen wir. Hans lächelte, nickte. Möglicherweise war die Wahrheit traurig, sogar schäbig: diese lange blutbespritzte Geschichte. Sie hatten beschlossen, zu kämpfen und zu versuchen, kühlen Kopf zu bewahren. Später, wenn man gesiegt hätte, würde man Rechenschaft fordern: von sich selbst, von der Partei, von der Geschichte. Aber Hans war tot, und er hatte in der Routine der gängigen Tugenden, der proklamierten Wahrheiten gelebt.

In jener Nacht in Madrid, im Juni 1956, hatte die Klammer sich wieder geöffnet, und flüchtig hatte er manchmal an Hans gedacht.

Er steht auf dem Trottoir der Plaza de la Cibeles, er betrachtet die Umgebung, ohne sie zu sehen. Einige hundert Meter von hier hat er seine Kindheit verbracht: er bräuchte nur die Calle de Montalbàn hinaufzugehen, nach rechts abzubiegen, bis zur Nummer 12 der Calle de Alfonso XI. Nach noch einigen Metern bräuchte er nur links die Calle Juan de Mena hinaufzugehen, und schon stünde er vor dem Eingang des Parks, genau gegenüber der Allee der Statuen. Vier Jahre zuvor war er, unter falschem Namen, in seine Heimat zurückgekehrt, und er war in der Nacht – im Juni – bis zu diesem Platz gegangen, diesen Bäumen, diesem Brunnen, diesen steinernen Löwen rings um die Göttin. Der Kreis schien sich geschlossen zu haben.

Aber Manuel steht noch einige Minuten unter dem Einfluß der Anästhesie. Zehn Jahre später hat er, in der Stadt seiner Kindheit, im Laufe jener Versammlung, die die ganze Nacht gedauert hat, eine wichtige Entscheidung getroffen, die ihn für immer bindet. Eine Pariser Zeitung hatte einen Geheimbericht veröffentlicht, der anscheinend auf dem XX. Parteitag der KPdSU vorgelegt worden war. In den westlichen kommunistischen Parteien bestritt man die Echtheit dieses Berichts: das State Department, die Imperialisten, also der Feind, hatte ihn »Chruschtschow« zugeschrieben. Er hatte keinerlei Hinweis von der Exilführung der spanischen Partei erhalten; er wußte nur, daß eine heftige Diskussion stattfand. Und in jener Nacht hatte er vor allen Verantwortlichen des Untergrundapparats von Madrid auf die absolute Zuverlässigkeit dieses Geheimberichts gewettet, er hatte eine Linie durchgesetzt, die dem Durchbruch dieser Wahrheit Rechnung tragen und Jahrzehnte ihres Lebens in Frage stellen sollte. Denn es war ihr wenn auch nur indirekt gelebtes Leben, das er in Frage stellte. Dessen war er sich bewußt. Und im Laufe dieser Versammlung hatte er manchmal an Hans gedacht.

Manuel steht regungslos auf dem Trottoir der Plaza de la Cibeles. In der Stille hörte er das Geräusch des Wassers, und dieses Geräusch machte die Umgebung sichtbar und real, in all ihrer durchsichtigen Dichte. Und da erinnerte er sich: an die Rue Visconti, an den Schnee, an Ascona, an sein ganzes Leben.

Er hätte gewartet, daß das Taxi sich entfernt, in der zerstreuten Routine gewohnter Handlungen. So machte er es immer: er ließ die Taxis ziemlich weit von dem Haus, der geheimen Unterkunft, anhalten, in der er, Manuel, wohnte, um zwischen die letzte Person, die ihn gesehen hatte und ihn gegebenenfalls hätte identifizieren können – heute jener Taxifahrer –, und seine illegale Wohnung einen leeren Raum, eine Wüste ohne Spuren zu legen. Er hätte die vor so viel Offenkundigkeit fast unsichtbare Plaza de la Cibeles betrachtet. Vage hätte er gedacht, daß er die Puerta del Sol überqueren, geradeaus durch die Calle del Arenal weitergehen würde, um schließlich durch die Gäßchen zur Travesía del Reloj zu gelangen. Vielleicht hätte er unmerklich gelächelt, denn es belustigte ihn immer, nur wenige Meter vom Sitz des Sondermilitärgerichts zu wohnen, das sich mit ihm zu befassen hätte, falls man ihn verhaftete. Er würde lächeln bei dem Gedanken, daß er sich manchmal bei dem Friseur die Haare schneiden ließ, zu dem auch die Wachsoldaten dieses Gerichts gingen, dem bis zum Ende des Bürgerkriegs ein gewisser Oberst Eymar vorsaß, dessen Sohn, so scheint es, während des Bürgerkriegs umgekommen war und der sich an jedem politischen Häftling, der ihm in die Hände fiel, für den Tod seines Sohnes rächte. Zerstreut hätte er die Plaza de la Cibeles betrachtet, lächelnd bei dem Gedanken an diesen Streich, den er Oberst Eymar spielte. Und in dem Augenblick, da er sich in Bewegung gesetzt hätte, wäre ihm die Dichte der Stille aufgefallen, und er hätte sich erinnert.

Aber Manuel hat soeben die Augen wieder geöffnet, im Ekel des wiedergekehrten Bewußtseins.

Heute muß niemand ihm sagen, daß es Dienstag, der 7. August 1945 ist, während er gestern, in der Apotheke von Gros-Noyer, nicht gewußt hatte, welcher Tag es war. Heute, in dem völlig weißen Zimmer der Klinik von Montlignon breitet sich der Kreis der Tage, der Monate, der Jahre in vollkommener Ordnung um ihn aus. Er hat nur dieses Ekelgefühl, sonst nichts.

Anderswo, auf den Straßen des Exodus, im Juni 40, hatte er ebenfalls das Gedächtnis verloren. Nach seiner Ohnmacht hatte er sich im Gras des Straßengrabens wiedergefunden und nicht mehr gewußt, wer er war, wo er war, und warum. Schatten bewegten sich in der Nacht. Ein Auto begann zu brennen. Sein Gesicht war voller Blut, er hatte überhaupt kein Gedächtnis mehr unter dem vom Dröhnen der Flugzeuge zerrissenen Himmel.

Später waren sie bis nach Dreux marschiert, sie hatten in Scheunen geschlafen. Ein Zug fuhr vorbei, in Richtung Loire. Vier Tage später erreichten sie Redon, weil ein Erwachsener an den Widerstand dieses kleinen bretonischen Orts glaubte: Die englische Armee habe sich dort festgesetzt, sagte er, unterstützt von Marine und Luftwaffe. Aber am Tag ihrer Ankunft in Redon brachen die letzten Lastwagen der englischen Armee gerade zu den Wiedereinschiffungshäfen auf, ein riesiges Lebensmittel- und Materiallager der gutmütigen Plünderung der Zivilbevölkerung und der durchziehenden französischen Soldaten preisgebend.

In Redon sah er eine Woche lang die Überreste einer Armee auf den Straßen zurückfluten: Soldaten zu Fuß, auf Fahrrädern, auf Lastwagen mit Sitzbänken. Das weckte Erinnerungen in ihm. Er war hin und her gerissen zwischen Mitleid für diese in der Sonne versprengten Phantome und Schadenfreude: es gab keinen historischen Grund dafür, daß nur die Spanier die Bitterkeit vernichtenden Mißgeschicks erleben sollten. Eines Tages ging ein polnisches Bataillon an den Zufahrtsstraßen der Stadt in Stellung. Die Polen stellten Maschinengewehre und Panzerabwehrkanonen auf. Sie sangen traurige Lieder, und sie wollten kämpfen. Der große slawische Wahnsinn, natürlich. Der vollzählige Stadtrat von Redon, unterstützt von einer Delegation der Honoratioren der Stadt, suchte das polnische Kommando auf und bat es, doch anderswo zu kämpfen. Die Polen sind mit ihrem gesamten Material geordnet abgezogen, es war ein ungewohntes Schauspiel.

Dann folgten einige Tage, die Ferien ähnelten. Es war sinnlos, nach Süden zu ziehen, die Deutschen hatten die Bretagne eingekesselt und stießen nach Bordeaux vor. Er badete im Kanal und rauchte englische Zigaretten. Und dann sank eines Morgens eine tiefe Stille über Redon. Zwei deutsche Motorradfahrer in schwarzen Uniformen trafen auf dem Rathausplatz ein. Sie fuhren langsam, das Geräusch ihrer Motoren war kaum zu hören. In der Mitte des Platzes hielten sie ihre Maschinen an. Der erste Deutsche stieg ab, eine Maschinenpistole hing ihm quer über der Brust. Er hat seinen Helm und seine große Staubbrille abgenommen. In seinem sonnengegerbten Gesicht umgaben zwei blasse Ringe die Augen; er hatte blaue, sehr helle, fast kindliche Augen.

Er lag bäuchlings mit Hans im Gestrüpp, und sie sahen den deutschen Motorradfahrer auf sich zukommen. Ein andermal, anderswo.

Sie hatten ihn von fern kommen sehen, seinen aus den Feldern auftauchenden Kopf und Oberkörper, auf einem unsichtbaren Motorrad. Sie hatten sich auf dem Hang des Hügels, der den Wasserlauf überragte, versteckt, um diesen Aufklärer zu beobachten, der vielleicht einer deutschen Einheit vorausfuhr. Der Motorradfahrer schien an dem Wäldchen, in dem sie sich versteckten, vorbeifahren zu wollen, vielleicht nach Laignes, jedenfalls in Richtung Laignes. Aber plötzlich hat er die Straße verlassen, inmitten der Felder, er ist auf einem Brachacker zum Fluß gefahren. Vielleicht hat er die Kühle des nahen Wassers gespürt. Jetzt rollte er, ganz und gar sichtbar, auf dem freien Abhang, der zu dem Wasserlauf hinunterführte, langsam, seine auf den Unebenheiten des Bodens hüpfende Maschine abbremsend. Etwa sechzig Meter von ihnen entfernt. Er ist noch näher gekommen, er hat sein Motorrad direkt am Rand der Wasserfläche angehalten, die ein natürliches Felswehr hier geschaffen hatte, so daß der Fluß sich verbreiterte, im Schatten der Bäume an dem Ufer, wo sie sich befanden, Hans und er. Das Wasser war ruhig, schläfrig, einige Lichtflecken huschten darüber, die von der am fernen Horizont untergehenden Sonne herrührten. Auf der anderen Seite des Wassers, etwa zwanzig Meter entfernt, betrachtete der deutsche Soldat die Landschaft. Er hatte seinen Helm abgenommen und hielt ihn am Riemen in der Hand. Er war genauso jung und blond wie der andere, der erste deutsche Soldat, den er vor drei Jahren in Redon gesehen hatte. Dieser hier stand da und betrachtete das Wasser, die Bäume, das Licht. Vielleicht sagte er sich, daß es ein idealer Angelplatz sei. Vielleicht hatte er Lust, in dieses scheinbar stille Wasser einzutauchen, obwohl Gräser und Blätter durch ihre spiralförmige Bewegung die Strömung verrieten, die in der Tiefe gärte, bis hin zu der Felsspalte, wo es von neuem, brodelnd, losstürzte, einen kleinen Wasserfall bildend. Vielleicht war es ein Fluß mit Forellen, und vielleicht dachte der deutsche Soldat, das war nicht ausgeschlossen, an diese Forellen, die man mit bloßer Hand fangen kann. Man muß die weit geöffnete Hand unter den Bauch der regungslosen Forelle schieben und sie in einer raschen präzisen Bewegung packen. Vielleicht dachte er daran, der deutsche Soldat, und Hans und Manuel beobachteten ihn und konnten sich ohne weiteres vorstellen, woran dieser Soldat in der durchsonnten Stille des Nachmittags denken mochte. Und plötzlich, ohne daß man genau wußte, warum, hat der deutsche Motorradfahrer laut zu singen angefangen. Seine Hände lagen auf der Maschinenpistole, die ihm um den Hals hing, die linke Hand auf dem Lauf, die rechte auf dem Griff aus hellem Holz, was bewies, daß die Waffe ganz neu war, und er hat zu singen angefangen, aus vollem Halse, wie man so sagt. Hans, neben ihm, ist zusammengezuckt, auch er war von diesem plötzlich, ohne ersichtlichen Grund ertönenden Lied wohl überrascht. Doch wenn man es recht bedenkt, warum sollte jemand nicht für sich singen, und sei es in Feindesland, an einem sonnigen Nachmittag am Ufer eines Flusses mit Forellen, im Châtillonais? Der Soldat hat zu singen angefangen, und er hat die Melodie wiedererkannt, und erst nachdem er die Melodie dieses Lieds wiedererkannt hatte, verstand er die Worte.

Es war komisch, *La Paloma* auf deutsch singen zu hören. *Kommt eine weiße Taube zu dir geflogen...* Aber es bestand kein Grund, überrascht zu sein, er hatte *La Paloma* schon einmal auf deutsch singen hören. In Wirklichkeit hatte ihn nicht die Tatsache, daß dieses Lied auf deutsch gesungen wurde, überrascht, sondern die Plötzlichkeit, mit der dieser deutsche Soldat zu singen angefangen hatte. Ganz gleich, welches Lied gesungen worden wäre, die Überraschung wäre dieselbe gewesen. Es hätte zum Beispiel Verdi sein können. Warum nicht Verdi? Aber der deutsche Soldat hatte *La Paloma* zu singen angefangen, und er hatte dieses Lied schon einmal auf deutsch gehört. In Den Haag, in dem großen Haus des *Plein 1813*, gab es eine Schallplatte, die manchmal gehört wurde, mit *La Paloma* auf deutsch. Und so befand er sich ganz unverhofft mit Hans im Châtillonais, einem deutschen Soldaten auflauernd, und die Erinnerung an Den Haag war wiedergekehrt. Es

war nicht möglich, mit Hans darüber zu sprechen, wegen dieses deutschen Soldaten ganz in der Nähe: man mußte schweigen, reglos bleiben. Hätte Hans im übrigen diese holländische Erinnerung gewürdigt? Auf jeden Fall hätte er zugehört, wie immer mit einem Lächeln im Mundwinkel. Vielleicht hätte er einige präzise Fragen gestellt, um diese scheinbar völlig unpassende holländische Erinnerung zu orten.
Den Haag? Warum Den Haag?
Nun ja, Den Haag, s'Gravenhage, Den Haag.
Aber warum?
Nur so. Während der letzten Monate des Bürgerkriegs waren wir in Den Haag, mein Vater hatte dort einen diplomatischen Posten. Er war Geschäftsträger der spanischen Republik.
Und was ist mit Den Haag?
Die Gesandtschaft war ein sehr schönes großes weißes Gebäude auf dem Platz oder *Plein 1813*, wobei diese Zahl keine Ordnungszahl war, wie zum Beispiel die 42. Straße oder die Fünfte Avenue, sondern das Datum einer Schlacht, an die mit dem Namen dieses Platzes sowie einem Denkmal in der Mitte des Platzes erinnert wurde. Dahinter gab es einen großen Garten, einen Tennisplatz und, am Ende des Gartens, eine Hütte, die wir erstürmten und verteidigten, abwechselnd als Indianer und als Trapper, im Laufe denkwürdiger Kämpfe. Siehst du, die Narbe hier auf meiner Stirn ist die Spur eines Steinwurfs oder eines Stockhiebs während einer dieser Schlachten.
Kindheitserinnerungen, würde Hans sagen, den Satz in der Schwebe lassend, mit einem fast verächtlichen Lächeln.
Wie?
Wir werden noch in einem Monat hier hocken, würde Hans sagen, wenn du so weitererzählst. Verlorene Zeit ist lang.
Schon gut, schon gut. In der Schule, im Tweede-Gymnasium, hatte ich einen deutschen Schulkameraden, einen Juden, des-

sen Familie nach Holland geflüchtet war. Er hieß Landsberger. Er war genauso positiv wie du. Du siehst, ich war schon damals für die deutschen Juden bestimmt.
Das hast du auch nötig, würde Hans überheblich sagen.
Aber Hans würde seine Erzählung wieder für zu umständlich halten.
Ich kenne dich, würde Hans sagen, zuerst wirst du mir dieses holländische Haus beschreiben und den Garten dieses Hauses, die Alleen, die Pflanzen, die Bäume.
Genau, würde ich sagen, ihn unterbrechend, es gab eine Magnolie in diesem Garten, vor dem Haus. Kennst du die Magnolienblüten? Den Duft der Magnolienblüten? Manchmal lehnte ich mich nachts aus meinem Fenster, und die Nacht war wie gesättigt vom Duft der Magnolienblüten, als wären die Nacht, der nächtliche Himmel, der Schatten der Alleen nur der ungreifbare Träger dieses fast materiellen, zu Kopf steigenden Dufts.
Da haben wir's, würde Hans schreien, die Magnolie, natürlich! Und in einem Monat hocken wir immer noch hier.
Und dann hätte ich ihm, aus schierer Verzweiflung über soviel Böswilligkeit, all die kleinen Reichtümer meines Gedächtnisses ins Gesicht geschleudert.
Den Schnee auf dem Binnenhof, seine innere, gedämpfte Stille. Die Schwäne auf der Wasserfläche, durch die Fenster des Mauritshuis. Einen Spaziergang mit Jean-Marie, bei einem Buchhändler, an dem Tag, an dem er eine Erstausgabe von *Paludes* gefunden hatte. Den Wind am Strand von Zandvoort. Die Nachricht von der Einnahme Teruels am Weihnachtsabend, das Freudenfeuer in dem großen Kamin. Die Besuche von Dr. Brouwer, der mit Unamuno gesprochen hatte, kurz vor dessen Tod. Die Rosen von Wassenaar. Solche Dinge.

Aber es kam nicht in Frage, diese holländischen Erinnerungen heraufzubeschwören. Kaum zwanzig Meter von uns entfernt sang der Soldat noch immer *La Paloma*. Er findet sichtlich Vergnügen daran, seine Stimme schwillt an oder gurrt, sie gibt den Rhythmus der Melodie vollkommen wieder, trotz dem kehligen Klang der deutschen Worte.

Dann hört es auf.

Der Soldat hat noch ein paar Schritte gemacht. Er setzt den linken Fuß auf einen Stein in Höhe der Wasseroberfläche, den rechten Fuß auf einen anderen, er ist von murmelndem Wasser umgeben.

Ich sehe Hans an.

In einer unmerklichen Bewegung ist Hans dabei, seinen rechten Arm auf einen Baumstumpf zu stützen, er ist dabei, seine »Smith and Wesson« auf den deutschen Soldaten zu richten. Ich möchte den Kopf schütteln, ihm sagen, nicht den Idioten zu spielen. Er sollte wissen, daß er es nicht schaffen wird. Solange dieser Soldat uns sein Gesicht, seinen blauen Blick, seinen kindlichen, ein wenig weichen Mund zeigt, wird keiner von uns es schaffen, auf ihn zu schießen. Das sollte Hans doch wissen. Ich sehe zu, wie er seine Waffe hebt, in einer unmerklichen Bewegung des ganzen Körpers, ich sehe ihn fahl werden, die Augen schließen. Ich sehe, wie ihm diese völlig einfache Sache bewußt wird, daß er es nicht schaffen wird, auf dieses nackte Gesicht, diesen ausgelieferten Körper, diesen blauen Blick zu schießen. Dieser Junge, der *La Paloma* sang, barhaupt, der kaum älter ist als wir, der die Straße verlassen hat, auf der er fuhr, um das Wasser dieses Forellenflusses zu betrachten, sein schläfriges und zugleich fließendes Wasser – wie wäre es möglich, ihn abzuknallen, mit seinem unverhüllten Gesicht?

Ich sehe, wie Hans alle diese Dinge bewußt werden, die er

hätte wissen müssen, ich sehe, wie er die Waffe senkt, mit geschlossenen Augen.

In diesem Augenblick dreht der Soldat sich um und geht langsam weg. Er steigt die Uferböschung hinauf, zu seinem Motorrad. Im Gehen hat er seinen Helm wieder aufgesetzt. Er ist nur noch ein behelmter, gestiefelter Schatten, das Phantom eines Soldaten, eine künftige Leiche.

Jetzt, denke ich.

Ich knie nieder, das heißt das rechte Knie ruht auf dem Boden des Unterholzes, der linke Ellbogen auf dem gebeugten linken Knie, damit mein linker Unterarm die schwere »Smith and Wesson« abstütze, die der Rückstoß sonst zucken ließe, was meinem Schuß jede Präzision rauben würde. Ich habe das alles sehr schnell getan, ohne an irgend etwas zu denken, denn man kann jene Evidenz nicht Denken nennen, nämlich daß es hier, zum Greifen nahe, ein Motorrad, Waffen zu erbeuten gibt, und diese nicht gedachte Evidenz drängt mich, diese Bewegungen auszuführen, auf die sich entfernende Gestalt zu zielen, auf die Mitte des Rückens, zweimal auf den Abzug der elf fünfundvierzig zu drücken.

Der Soldat hat einen Satz nach vorn gemacht, als wäre er heftig in den Rücken gestoßen worden, und er fällt hin, mit dem Gesicht zur Erde.

Die Augen von Hans haben sich wieder geöffnet. Er hat genickt. Genauso mußte man es tun, scheint er zu sagen.

Dann haben wir den Wasserlauf überquert, über die Felsen, die etwas weiter unten ein Wehr bildeten. Wir sind zu der Leiche gerannt, um ihre Waffen an uns zu nehmen. Wir sind auf dem Motorrad des Toten abgehauen, Hans fuhr. Mit Motorrädern bin ich nie zurechtgekommen.

– Manuel?

– Ja.

– Warum?
– Warum was?
– Warum war es unmöglich?
– Sei still, du kleiner Jude, das weißt du genau.
– Das Gesicht?
– Sei still, Hans.
– Der blaue Blick?
– Das reicht, Hans.
– In den Rücken ist es noch widerlicher.
– Sei still, Hans.
– Ist es etwa nicht widerlicher?
– Es ist einfacher.
– Aber es ist widerlich, oder?
– Ist ein Motorrad widerlich? Ist eine nagelneue Maschinenpistole widerlich?
– Aber in den Rücken, Manuel?
– Natürlich. Anders war es nicht zu machen.
Nichts mehr, wir haben nichts mehr gesagt.

Warum hatte ich Michel diese Geschichte erzählt, als ich am übernächsten Tag aus der Klinik kam? Ich war einen Tag und eine Nacht in Montlignon gewesen, und am Nachmittag des zweiten Tages war ich in das Haus in Saint-Prix, Rue Auguste-Rey 47, zurückgekehrt. Tags darauf hatte mich Michel besucht, ich weiß nicht mehr, wie er von meinem Unfall erfahren hatte. Er hatte in der Rue Dareau in Paris bei Freunden, deren große Wohnung während der Besatzung als Zufluchtsort und Briefkasten diente, einen Koffer voller Bücher und Papiere von Hans gefunden. Er hatte mir die Papiere gebracht, natürlich hatten wir von Hans gesprochen.
Ich saß in einem Sessel an einem Fenster, das auf den Garten ging. Michel saß auf dem Fensterbrett, er rauchte. Ich sah

das auf den Ärmel seines Kapitänhemds genähte Abzeichen »Rhein-Donau«, und ich würde immer lachen müssen, wenn ich mir Michel als Kapitän vorstelle. Die Papiere von Hans lagen auf einem Stuhl neben mir. Es waren vier dicke Hefte, ein ziemlich umfangreiches Manuskript, auf sorgfältig gebundene lose Blätter geschrieben, mehrere Akten mit Karteikarten und Lesenotizen.

Ich sage: Gut, daß wir das haben.

Er fragt: Warum?

Ich sage: Es ist ein unwiderlegbarer Beweis.

Er fragt beunruhigt: Ein Beweis wofür?

Ich sage: Für die Existenz von Hans natürlich!

Er sieht mich an, fragt sich, worauf ich hinaus will. Oder vielleicht, woher ich komme.

– Wie bitte? sagt Michel.

– Wenn es das alles nicht gäbe, würde ich am Ende noch glauben, wir hätten Hans erfunden.

Wir hätten Hans erfunden als ein Bild unserer selbst, das reinste, das unseren Träumen am nächsten käme. Er wäre Deutscher gewesen, weil wir internationalistisch waren: bei keinem in einem Hinterhalt erschossenen deutschen Soldaten hatten wir es auf den Fremden abgesehen, sondern auf das mörderischste und hervorstechendste Wesen unserer eigenen Bourgeoisie, das heißt der gesellschaftlichen Verhältnisse, die wir bei uns selbst verändern wollten. Er wäre Jude gewesen, weil wir jegliche Unterdrückung beseitigen wollten und weil der Jude, sogar der passive, sogar der resignierte, die unerträgliche Gestalt des Unterdrückten war. Er wäre zwanzig Jahre alt gewesen, weil wir so alt waren, wie alle die anderen jungen Leute, die uns zu leben halfen, die uns das Herz höher schlagen ließen, die neue Ideen wälzten und die Hölderlin oder Heinrich Heine oder Marx hießen.

Hatten wir Hans erfunden?
Ich nehme eines der von Michel aufgefundenen Hefte in die Hand, ich blättere darin. Es scheint wirklich die minutiöse und spitze Handschrift von Hans zu sein.
– Hast du reingeschaut?
Michel zuckt die Achseln.
– Ich habe einen Blick darauf geworfen, sagt er. Man muß es wirklich entziffern. Lesenotizen, so etwas wie ein unvollendeter Essay über Lukács, und dann noch ein Tagebuch.
Ich betrachte den Garten hinter Michel. Ich bin noch immer wie eingezwängt in den Schmerz meines Nackens, meines Rückens.
– Ein Tagebuch?
Michel steht auf, nimmt eines der Hefte in die Hand, öffnet es aber nicht.
– Wenn man so will, sagt er. Wie eine Reihe von Nachrichten, oder sehr kurzen, nicht abgeschickten Briefen an eine Frau.
– Eine Frau?
– Sie wird nicht genannt. Er wendet sich an sie, spricht über sie, sagt Michel.
– Sie?
– Ja, sagt Michel, *elle*, L. wie Louise, wie Lucie, wie Laurence.
Und da lache ich.
– Bestimmt nicht Laurence, sage ich.
Michel sieht mich an, versucht nicht, zu verstehen.
Welche Frau im Leben von Hans, deren Vorname mit L. anfinge? Ich sehe keine. L. wie Lilith, wie Lisbeth, wie Luciana? Und so stellte sich durch die unverhoffte Entdeckung dieser Papiere von Hans heraus, daß wir ihn nicht nur nicht erfunden hatten, sondern daß sein Leben für uns nicht transparent gewesen war, daß es darin Schatten und blinde Flecken gege-

ben hatte. Auf diese Weise scheint Hans durch diese zu entziffernden Papiere, durch diese unbekannte – oder vielleicht bekannte, aber nicht identifizierte – L. in unserer Nähe weiterzuleben. Vielleicht würden wir Dinge über Hans erfahren, die seinen Tod in die Ferne rückten, indem sie seinem Leben einen Sinn, eine neue Dichte gaben.
– Und du? fragt Michel.
Er steht mir gegenüber. Auf einem Stuhl, zwischen uns, liegen die Papiere von Hans.
– Ich?
– Was genau ist passiert?
Genau? Ich könnte mich an die Tatsachen halten und ihm sagen, daß ich aus einem Vorortszug gefallen war. Eine Ohnmacht, eine einfache Ohnmacht.
– Ich bin aus einem Zug gefallen, sage ich.
Er nickt.
– Darüber bin ich im Bilde, sagt er.
– Nun, das ist alles.
– Man fällt nicht einfach aus Zügen, sagt Michel.
Das ist wohl der militärische gesunde Menschenverstand, dagegen läßt sich nichts einwenden.
– Vielleicht mutest du dir zuviel zu, sagt Michel, du solltest dich ausruhen.
– Wie gut du sprichst, Michel! sage ich.
– Leck mich!
Wir lachen.
Als ich vor zwei Jahren verhaftet worden war, war Michel nach Joigny zurückgekehrt. Er hatte versucht, eine Aktion gegen das Gefängnis von Auxerre zu organisieren, um mir zur Flucht zu verhelfen. Es hatte nicht geklappt, und schließlich hatte er sich selbst schnappen lassen. Die *Feldgendarmen* von Joigny hatten ihn erwischt, bei einer banalen Personenkon-

trolle. Auch ihn hat man in das schöne Haus gebracht, in dem die *Feld* Quartier bezogen hatte. Auch er war in dem großen Salon mit den kahlen Wänden gewesen, er hatte die Harfe gesehen. Um genau zu sein: ich hatte mir zwei Jahre später große Mühe geben müssen, bis er sich an jene Harfe erinnerte. Ich hatte ihm minutiös die Ausstattung jenes Zimmers beschreiben müssen, bis er endlich die Realität der Harfe einräumte. Freilich muß man, um sein mangelndes Gedächtnis oder seine damalige Unaufmerksamkeit zu entschuldigen, darauf hinweisen, daß die *Feldgendarmen* sofort begonnen hatten, auf ihn einzuschlagen, um ihn zum Reden zu bringen. Er hatte einen oder mehrere Kolbenschläge auf die Leber bekommen, die später eine Gelbsucht verursacht hatten. Doch in dem Augenblick, wo es eine üble Wendung zu nehmen begann, wurde Alarm gegeben: es waren Maquisarden gesichtet worden, in einem Bauernhof irgendwo bei Joigny. Die *Feldgendarmen* sind weggegangen und haben Michel, barfuß, in Handschellen, der Aufsicht eines einzigen von ihnen überlassen. Ich weiß nicht, wie es Michel gelungen ist, diesen einen *Feldgendarmen* zu bewegen, ihm die Handschellen abzunehmen, damit er seine Notdurft, wie man sagt, verrichten könne. Aber es ist ihm gelungen, und mit freien Händen hat er den Deutschen niedergeschlagen, er ist in den Garten gerannt, er ist über die Mauer gesprungen. Er hat es geschafft, neue Kleider aufzutreiben, in Joigny selbst, und er hat sich nach Paris durchgeschlagen.

In Auxerre hatte man mich in jenen Tagen ins Büro des Gefängnisses gebracht. Ein *Feldgendarm* stand hinter dem Tisch, und sogleich habe ich auf dem Tisch Michels Brieftasche wiedererkannt. Der Deutsche untersucht gerade die Brieftasche und fragt mich, ob ich Michel kenne. Er nennt mir seinen Vornamen, Michel, und dann seinen richtigen Nachnamen. Er hat

die Brieftasche geöffnet, und ich sehe auf dem Tisch Michels Kennkarte. Ich strecke die Hand aus, ich nehme Michels Kennkarte, ich betrachte sein Foto. Der Deutsche wirkt überrascht, reagiert jedoch nicht. Ich betrachte Michels Foto.
– Nein, sage ich. Ich kenne ihn nicht.
Ich denke, daß Michel tot ist. Wäre er am Leben, dann hätte man mich mit ihm selbst konfrontiert, nicht mit seinen Papieren. Michel ist tot, und die Deutschen versuchen, etwas über diesen Toten zu erfahren.
– Nein, das sagt mir nichts.
Ich lasse die Papiere auf den Tisch fallen, achselzuckend.
Michel ist tot.
Ich vermute, daß er in die Region zurückgekehrt ist, meinetwegen; daß er in einen Hinterhalt geraten ist. Am liebsten würde ich »Scheiße!« brüllen, und meine Lippen müssen sich bewegt haben, denn der *Feldgendarm* beugt sich zu mir, mit gerunzelten Brauen.
– *Was ist los? Was murmelst du?*
Ich reagiere nicht. Ich denke, daß Michel tot ist und daß ich die Falle, der Köder war, die zu seinem Tod führten. Und von neuem schreie ich »Scheiße!«, ganz leise, darauf achtend, daß meine Lippen sich diesmal nicht bewegen.
– Scheiße! sagt Michel. Du solltest wegfahren, dich ein bißchen ausruhen, dein Buch beenden.
Ich schüttele den Kopf.
– Nein, sage ich.
– Du willst nicht wegfahren? fragt Michel.
– Wegfahren, ja, ich werde in die Schweiz fahren. Jean-Marie hat mich eingeladen.
– Warum dann nein? fragt Michel.
Ich werde mein Buch nicht beenden, deshalb sagte ich nein. Es ist zuviel Unruhe in diesem Roman, den ich zu schreiben

versuche.Ein ständiges Hin und Her, von Spanien nach Deutschland, vom Maquis im Wald von Othe zu den Wohnungen, in denen wir mit blonden jungen Mädchen tanzten. Es ödet an, es ist hochtrabend, es wird gestorben, es gibt Szenen, pathetische Augenblicke. Dieser Roman ist vollgestopft mit Helden. Aber seit achtundvierzig Stunden hätte ich eher Lust, die Reglosigkeiten des Lebens zu beschreiben, seine winzigen Augenblicke, seine Tiefen, die herzzerreißenden Mißgeschicke des Bewußtseins.

Michel nickt.

– Wenn ich recht verstehe, bist du nicht nur auf den Kopf gefallen, du hast auch eine metaphysische Erfahrung gemacht, sagt er.

Das muß es sein. Wieder lachen wir.

Aber niemand braucht ihm an jenem Tag zu sagen, daß es Dienstag, der 7. August 1945 ist. Er hat die Augen wieder geöffnet, im Ekel des Chloroforms, und er hat die Welt wiedergefunden, einen kleinen Bruchteil der Welt freilich, der vollkommen an seinem Platz ist. Er befindet sich in einem Krankenhauszimmer, ohne jeden Zweifel, in Montlignon, bestimmt hat man ihm soeben das rechte Ohr wieder angenäht.

Er ist allein, aber er befürchtet nichts: Heute braucht er niemanden, der ihm sagt, wer er ist, wo er ist, warum er hier ist. Die Dinge sind offenkundig, mit etwas Phantasie könnte man fast sagen, sie seien real. Kein Zweifel kann aufkommen, bloß weil es sich manchmal ein wenig verwirrt, weil es schwankt. Also betrachtet er diese Welt, die kein Zweifel trübt, heute von unten.

Es gibt ein Fenster.

Er würde wetten, daß man aus diesem Fenster unten die

Bäume des Parks sieht und, weiter entfernt, am Fuß jenes Hügels, der Montlignon mit Saint-Leu verbindet, die Ebene, Paris. Die häufig im Dunst liegende Stadt. Bei klarem Wetter den Eiffelturm. Eine Postkartenlandschaft, das ist beruhigend. Er lacht, er hört sein Lachen. Er spricht, er hört seine Stimme.

– *Seht sie liegen die heil'ge Stadt, wie sie im Abendlande ruht ...*

Seine Stimme erlischt, nichts hat sich bewegt. Das Bett, der Tisch, der Schrank, weiß angestrichen, deren eisenhaltiges, rötliches Material indes einige wenige Absplitterungen enthüllen, sind regungslos geblieben, die Unschicklichkeit seiner Stimme absorbierend, gleichgültig gegen die Ursache dieser unvermittelten, skandierten, pfeifenden Wörter. Er könnte irgend etwas sagen, die maßlosesten Wörter, nichts würde sich ändern. Es ist traurig, aber wahr.

Dennoch fällt es ihm schwer, es zuzugeben. Er schreit.

– *O Tod, alter Kapitän, es ist Zeit! laß uns die Anker lichten ...*

Die Tür geht auf.

Eine Nonne ist eingetreten, in einem Rascheln von Stärke.

– Sie haben gerufen?

Sie ist jung, er sieht sie an. Sie kommt ans Bett, schüttelt ein Kopfkissen auf, ihre Handgriffe sind professionell.

– Ich? Nein, sagt er.

– Ich war im Flur, ich habe eine Stimme gehört.

– Bestimmt nicht meine, Mademoiselle.

Sie hält inne, runzelt die Stirn. Dann lächelt sie selbstzufrieden.

– Nennen Sie mich »Schwester«, sagt sie.

– Schwester?

– Ja, sagt sie.

– Warum denn?

– Das ist so üblich, sagt sie etwas gereizt.

– Ich habe zwei Schwestern, müssen Sie wissen, Mademoiselle. Ich weiß, was das ist.
Sie rührt sich nicht, sie sieht ihn an.
– Einen Priester nennt man »Vater«, sagt sie, und eine Nonne »Schwester«.
– Wenn man will, sagt er.
Sie schaut auf etwas über seinem Bett, sie nickt.
– Natürlich, sagt sie versöhnlich.
– Die Bande des Bluts, wissen Sie, die sind so, sagt er.
Wieder nickt sie.
– Natürlich, sagt sie.
Mit leichter Hand berührt sie den Verband um seinen Kopf.
– Sie brauchen nichts? sagt sie.
– Warum sind Sie nicht logisch? fragt er.
Sie beginnt sich unbehaglich zu fühlen.
– Wie bitte?
– Wenn ich Schwester sagen soll, warum sagen Sie nicht Bruder?
Sie schüttelt den Kopf.
– Das ist nicht dasselbe, sagt sie schroff.
– Das dachte ich mir, sagt er.
Sie ist ein paar Schritte abgerückt.
– Wünschen Sie nichts?
Er sieht sich um.
– Nein, sagt er. Alles scheint an seinem Platz zu sein.
Wieder nickt sie, und sie entfernt sich.
Tatsächlich scheint alles an seinem Platz zu sein. Er wäre gern anderswo.
Jean-Marie hatte gesagt, am Lago Maggiore sei der Herbst wunderschön. Er versucht, es sich vorzustellen.
Ein See?
Ein bestimmtes Bild scheint dunkel aufzutauchen: eine Was-

serfläche, die ganz und gar in einen einzigen Blick passen würde, Tannen, Gebirgskämme. Warum ein Bergsee? Er versucht im Geiste alle Bergseen zu benennen, die er kennt und deren vages Bild sogleich seine Phantasie angeregt zu haben scheint. Vielleicht jener kleine See im Guadarrama-Gebirge? War es nicht in Peñalara? Er versucht, das Bild dieser möglichen Erinnerung einzukreisen, sich seiner zu vergewissern. Aber es bleibt im Innern einer sowohl konfusen wie schematischen Vision: ein Kreis dunklen Wassers, Tannen, Steilhänge. Die Vision verblaßt, verdeutlicht sich von neuem, ohne daß es ihm gelingt, sie wirklich zu identifizieren, sich ihrer Realität zu vergewissern. War es in Peñalara? Oder eher in den aragonischen Pyrenäen? Dunkles Wasser jedenfalls, kreisförmig, im Schweigen der Tannen, von einem sehr verfeinerten, zerbrechlichen Aussehen, wo das geringste Geräusch widerhallen würde wie ein langer Riß.

Ein See oder der Traum von einem See?

Er weiß, daß er nicht diese Art Landschaft vorfinden würde in der Nähe von Locarno. Vom Tessin hat Jean-Marie ihm ausführlich erzählt, um ihn dorthin zu locken: eine Landschaft im Licht des Südens. Er stellt sich eine Wasserfläche vor, deren Grenzen sich einem raschen Blick entziehen und deren Realität sich dem Auge nicht auf Anhieb erschließt, da sie unaufhörlich darüber hinausgeht, mit all den unsichtbar bleibenden Parzellen ihres Horizonts. Nicht der Blick, sondern die Kenntnis der Geographie lehrt dich, daß der Lago Maggiore ein See ist. Für ihn aber, in der Erinnerung oder Phantasie, die sich unwillkürlich einstellt, ist ein See eine Fläche dunklen Wassers, die sich mit einem einzigen Blick erfassen ließe.

Hätte ich einen anderen Augenblick aus Manuels Leben gewählt, um von ihm zu sprechen, einen späteren, seinem Tod näheren Augenblick, so hätte ich viele andere Seen in Manuels

Gedächtnis erwähnen können, die der fix und fertigen Idee, die in seiner Phantasie herumspukt, näher gekommen wären. Den Ritsa-See im Kaukasus zum Beispiel. Oder den Machowo-See in Böhmen. Oder auch den Ortasee im Ossolagebirge. Es wäre ein leichtes gewesen, anhand irgendeiner dieser Visionen, dieser kontemplativen Reglosigkeiten die Kreise von Manuels Gedächtnis, die Bewegung seines Lebens zu rekonstruieren. Aber jetzt ist es zu spät, um diesen Bericht von vorn anzufangen, und wir befinden uns erst im Jahre 1945, im August, am Tag nach der Zerstörung von Hiroshima. In jener präzisen und im übrigen, wie jeder zugeben wird, ganz willkürlich gewählten Epoche kann sich Manuel an keine der Landschaften erinnern, die ich gerade, ein wenig aufs Geratewohl, genannt habe. Er dachte also nicht an den Ritsa-See, ohne sich dessen bewußt zu sein, als jene konfuse Obsession eines kreisförmigen Wassers zwischen den Schwarztannen und den Bergen ihn heimsuchte. Heute konnte sich dieses zwanghafte, wiewohl ungenaue Bild wirklich nur aus einer Kindheitserinnerung speisen.

Es gibt doch den See La Négresse.

Nach allem, was ich über Manuels Leben weiß, ist es nicht unmöglich, daß die Landschaft des La Négresse eine Vision aus seiner Kindheit war, auch wenn sie verblaßt ist. Es liegt im Bereich des Möglichen, und vielleicht sah er gerade deshalb, später, Jahre später, diese Landschaft stets mit einem unerklärlichen Gefühl von Freude wieder, wenn er rechts oder links der Straße, je nach Fahrtrichtung, die runde Wasserfläche sah, im Licht des Morgens oder in der untergehenden Sonne. Immer zu diesen Tageszeiten, frühmorgens oder spätnachmittags, weil es die Zeiten der Fahrten waren. Aber vielleicht waren es die Fahrten selbst, die diese winzige, nicht zu teilende Freude auslösten, denn die Landschaft des La Négresse

befand sich notgedrungen immer am Anfang oder am Ende der Reisen, als kündigte diese glatte Wasserfläche jeweils Abreise und Rückkehr an, alle Freuden der Fahrten, als begännen und endeten die Straßen des Südens am La Négresse.
Er stieg in Bayonne aus dem Zug, frühmorgens, wenn er nachts gereist war, oder gegen fünf Uhr nachmittags, wenn er an der Gare d'Austerlitz den Acht-Uhr-Zug genommen hatte. Antonio erwartete ihn auf dem Platz vor dem Bahnhof von Bayonne oder in irgendeinem Café an diesem Platz. Leute kamen und gingen, er begrüßte Antonio. Dann stellte Antonio ihm die Person vor, die ihn chauffieren würde. Sie tranken ein Glas, sie plauderten. Vielleicht war es Winter, oder Herbst, oder Sommer, alle Jahreszeiten eignen sich für diese Reisen. Dann war es Zeit für die Abfahrt. Am Auto ließ Antonio sie allein. Der Kumpel ließ den Motor an, es war soweit, es ging los. Sie überquerten die Brücke über den Adour und dann die zweite Brücke über jenen anderen Fluß, dessen Namen er nie erfahren hat, sie befanden sich an der Ausfahrt von Bayonne. Auf einem Hinweisschild stand: Spanische Grenze, soundsoviel Kilometer. Es war soweit, man war unterwegs.
Einmal, Jahre vor diesen Fahrten, zwei oder drei Jahre vorher, hatte er mit Freunden in Biriatou zu Mittag gegessen. Es war im September, die Luft war durchsichtig. Von der Terrasse des Restaurants aus sah man das Wasser der Bidassoa, die Hügel ihrer Heimat. Die Kellnerin hatte saubere Teller gebracht, sie tranken Wein und betrachteten die nahen Hügel ihrer Heimat. Und da hat Jesus lachend seinen Teller hochgehoben.
– Aha! hat er lachend gesagt.
Er hat den Teller Carlos M. gereicht, und Carlos M. hat ihn angeschaut, und auch er hat gelacht, bevor er ihn mir zeigte.
Ich fand, daß ihr Lachen bitter klang, und ich habe den Teller angeschaut, der dieses bittere Lachen auslöste. Er war aus

weißem Steingut mit blauen Motiven, Allegorien aus der Zeit der Revolution, und in der Mitte befand sich eine Inschrift: »Freiheit oder Tod!«

Auch ich habe gelacht.

– Das trifft sich gut, hat Carlos M. gesagt, und er betrachtete die Hügel seiner Heimat.

Carlos M. war lange im Gefängnis gewesen. Er war zum Tode verurteilt worden, dann war seine Strafe umgewandelt worden, dann war er aus dem Gefängnis entlassen worden. Eines Nachts hatte er illegal die Bidassoa überquert.

– Das trifft sich wirklich gut, sagt er noch einmal.

Wir betrachten die Hügel von Elizondo, die Kellnerin bringt ein Gericht und stellt es auf den Tisch.

– Bitte sehr! sagt die Kellnerin.

Keiner von uns dreht sich zu ihr um, wir sehen anderswohin. Anderswo, das ist Spanien. Wir betrachten den Fluß, diesen schmalen silbrigen Einschnitt in der grünenden Landschaft, der uns von unserer Heimat trennt. Lachhaft, daß eine so geringe Entfernung dich zum Exil verurteilt, dich von der Kindheit trennt, von den Gerüchen und den Namen der Kindheit. Wir betrachten diese lächerliche Grenze.

Die Kellnerin hinter uns rührt sich nicht. Bestimmt hat unser Schweigen, unsere gastronomische Unachtsamkeit sie überrascht. Vielleicht betrachtet sie, was wir betrachten. Aber natürlich sieht sie nichts von dem, was wir sehen. Sie wird Formen sehen, Sonne, Schatten, Grün, Blau: nichts wird problematisch sein. Sie wird in dieser banalen Landschaft zu erspähen suchen, was wir in einem solchen Schweigen wohl betrachten mögen. Natürlich wird sie es nicht finden.

– Bitte sehr! sagt sie noch einmal. Und dann geht sie, vielleicht etwas verwirrt.

Es war Carlos M., der uns dieses Restaurant in Biriatou über

der alten Brücke von Behobia gezeigt hat, über dem Grenzwasser, dem spanischen Fluß. Ich vermute, daß er wohl jedesmal, wenn die Gelegenheit sich bietet, hierherkommt, um die gegenüberliegenden Hügel zu betrachten, seit er ins Exil gegangen ist. Heute betrachten wir sie mit ihm gemeinsam.
– Freiheit oder Tod! sagt Carlos M. mit lauter Stimme.
Wieder lachen wir alle.
Dann wenden wir uns dem Gericht zu, das die Kellnerin auf den Tisch gestellt hat.
An jenem Tag, 1950, hatte der alte Traum Gestalt angenommen. Ich aß in der dicken Soße ihrer Tinte gekochten Tintenfische, und ich sagte mir, daß das Leben nicht viel Sinn hätte, daß es vielmehr konfus, zusammenhanglos wäre, solange ich nicht die andere Seite dieser Landschaft gesehen hätte. Alles, was ich seit vier Jahren getan hatte, kam mir läppisch vor; ich erkannte mich kaum wieder in all diesen Handlungen, all diesen Worten, diesen Splittern, dieser alltäglichen Oberfläche des Lebens. Ich mußte den Hügel von Biriatou betrachten, seinen Abhang betrachten, der an jenem Tag für mich unsichtbar war. Ich mußte das Verhältnis der Landschaften und der Dinge umkehren, sie wieder zurechtrücken, damit Spanien das Innere, die Innenseite meines Lebens wäre. Alles übrige, angefangen mit dem Hügel von Biriatou, der sich wie der Grenzpfahl aus einer Landschaft mit ungeheuren Tiefen erheben würde, wäre dann nur noch das Äußere.
Und so betrachtete ich später, als zumindest dieser Traum Wirklichkeit geworden war, den Hügel von Biriatou in den Dämmerstunden der Grenzgänge vom spanischen Ufer und der alten Brücke von Behobia aus.

Heute jedoch kann ich den Hügel von Biriatou nicht sehen: er liegt hinter mir. Und zwar deshalb, weil ich Spanien nicht verlasse, sondern dorthin zurückkehre. Wir hatten soeben den französischen Zoll passiert. Die Straße, die nach Biriatou hinaufführt, begann zu unserer Linken, jetzt fahren wir über die alte Brücke von Behobia. Ich habe eine völlig irrationale Vorliebe für diesen Grenzübergang; ich ziehe ihn bei weitem der internationalen Brücke von Hendaye vor. Vielleicht wegen dieser Erinnerung an Biriatou, wer weiß?

Am Abend zuvor, kurz vor Mitternacht, hatte es an meiner Tür geläutet.

– Ich war schon zweimal hier, sagte der Kumpel, du warst nicht da.

Er wirkt leicht irritiert oder überrascht. Aber ich rege mich darüber nicht auf: ich kenne diese irritierte Überraschung der Kumpels, wenn die Realität ihnen Widerstand leistet, und sei es nur durch unvorhersehbare alltägliche Details.

– Wenn du gestattest, sage ich zu ihm, ich war im Kino.

Er zuckt die Achseln, er erklärt mir, warum er zu so später Stunde komme. Das war im übrigen unschwer zu erraten.

Heute also sitze ich gegen fünf Uhr nachmittags auf der Terrasse eines der Cafés am Bahnhofsplatz von Bayonne. Ich bin gerade aus dem Zug aus Paris gestiegen.

Ich schaue mich um. Leute kommen und gehen, es ist Frühling. Wie üblich schlendern Soldaten über den Platz. Sie tragen weinrote Kommandomützen. Zwar habe ich mich in den Namen der Farben nie gut ausgekannt, aber ich glaube, daß diese Mützen tatsächlich weinrot sind. Dennoch bin ich mir dessen nicht ganz sicher. Würde man mir das Gegenteil beweisen, so wäre ich gern bereit, eine andere Bezeichnung für diese Farbe anzuerkennen.

Ich schaue mich um, ich trinke ein Bier, ich warte auf Antonio.

– Scheiße, eine Frau!

Ich sehe Antonio auf mich zukommen, ich sehe diese Frau,

die nicht zufällig neben Antonio herzugehen scheint. Sie und Antonio scheinen gemeinsam auf mich zuzukommen. Und da denke ich: Scheiße, eine Frau! in der Stille meines Schweigens, und ich sehe sie gemeinsam auf mich zukommen.
Ich lächle.
Sie haben mein Lächeln sicher für ein Begrüßungslächeln gehalten. Ich aber dachte an diese Fahrt, mit einer Frau. Ich möchte, daß im Auto Schweigen herrscht und die Straßen sich entfalten. Es fehlt bloß noch, denke ich, daß es ein 2 CV ist. Verdrossen stelle ich mir eine geschwätzige Frau auf den Straßen des Südens in einem 2 CV vor und, noch genauer, im Augenblick der Fahrt hinauf zu den hohen Pässen nach Andalusien.
Ich lächle resigniert, als ich an dies alles denke, und sie haben mein Lächeln bestimmt für ein Begrüßungslächeln gehalten. Sei's drum, ich lasse sie in ihrem Irrtum.
– Wollt ihr was trinken? frage ich sie.
Die junge Frau sieht Antonio an, sie wartet, daß er entscheide.
– Haben wir noch Zeit? fragt sie Antonio.
Mir war die Zartheit der Wangenknochen aufgefallen, die Biegung ihres Halses, die jugendliche Zutraulichkeit des Mundes: ihre Stimme setzt mich in Erstaunen. Sie ist kupfern, ein wenig rauh, gleichsam verschleiert; zu tief für ihre Jugend. Vielleicht ist sie aufgeregt.
Sie sieht Antonio an, und Antonio beruhigt sie lächelnd mit einer Handbewegung. Er sagt ihr, daß wir jede Menge Zeit haben. Sie wollen Kaffee.
Ich beuge mich zu Antonio.
– Bestimmt ist es ein 2 CV.
– Wie bitte? sagt Antonio.
Wir sprechen spanisch, mit leiser Stimme. Die junge Frau wendet sich ostentativ ab. Sie will zeigen, daß sie das Geheim-

nis der Dinge, die Antonio und ich uns zu sagen haben, respektiert.
– Der Wagen, sage ich.
Antonio lacht kurz auf.
– Aber nein! sagt er. Es ist eine »Déesse«.
Ich atme auf, ich mag die »Déesses«, diese Göttinnen, wie man den Citroën DS nennt, auf den Straßen des Südens.
– Trotzdem, eine Frau für solch eine Fahrt!
Antonio blinzelt mit dem rechten Auge.
– Na hör mal, sie ist doch gar nicht übel!
– Scheiß drauf! sage ich ihm auf spanisch.
Aber man darf die Derbheiten, die man sich unter Kumpeln auf spanisch sagt, nicht allzu ernst nehmen. Antonio und ich sind Kumpel.
Dann lachen wir.
– In Sevilla, sage ich zu ihm, wäre mir ein Mann wirklich lieber gewesen.
Antonio schüttelt den Kopf.
– Ich weiß nicht, wohin du fährst, noch warum. Meinst du, das ist einfach?
Ich sage nichts, ich weiß, daß es nicht einfach ist.
– Einen guten Wagen für dich, heute, unbedingt. Ich habe die Nachricht gestern abend erhalten. Ich dachte an ihren Mann, den Doktor. Er konnte nicht. Und da hat sie sich angeboten.
Ich sage nichts, ich sehe sie aus dem Augenwinkel an.
– Der andere verfügbare Wagen, sagt Antonio, war ein 4 CV. Der Besitzer ist Vegetarier, und seine Frau hat ihn gerade verlassen. Du siehst, was für eine Rennerei das war.
Wieder lachen wir. Die Sache ist erledigt.
Ich stehe auf und wende mich der jungen Frau zu.
– Entschuldigen Sie, sage ich zu ihr. Ich mußte noch eine Kleinigkeit klarstellen.

Antonio ist telefonieren gegangen, wie üblich.
– Aber ich verstehe das sehr gut, sagt sie mit ihrer verschleierten Stimme.
Ich sehe sie an, ihre Lider beben.
Letztes Jahr hatte ich mehrere Fahrten mit ihrem Ehemann gemacht. Er war der beste Reisebegleiter, den man sich vorstellen kann. Einmal hatten wir auf dem Rückweg, in Aranda, lange geplaudert. Ich hatte den Eindruck gehabt, daß diese Ausflüge auf den spanischen Straßen, jene zu überbringenden Pakete, jene weit entfernten Treffen mit Unbekannten für ihn die beste und vielleicht einzige Möglichkeit waren, seine Ideen in eine reale Tätigkeit umzusetzen, die, und sei es nur minimal und dunkel, auf die Realität der Welt Einfluß hatte.
– Sie haben kein Vertrauen, sagt sie in gleichmütigem Ton.
Ich sehe sie an, bestimmt lächle ich töricht.
– Ich fahre sehr gut, sagt sie, ich bin nicht schwatzhaft, ich halte mich nicht für Jeanne d'Arc.
Sie lächelt, und bestimmt sehe ich idiotisch aus.
– Pierre hat mir die Lektion erteilt, sagt sie.
Antonio ist zurückgekommen, sie verstummt, er sieht uns an.
– Wohin fahren wir? fragt sie.
Antonio kratzt mit einem Löffel in seiner Tasse.
– Keine Ahnung, sagt er. Ihr passiert die Grenze, das ist alles. Das andere wird er Ihnen dann sagen.
Sie errötet leicht, bestimmt ärgert sie sich, daß sie zu neugierig war. Vielleicht liegt es an dem Wort »Grenze« und daran, was es heraufbeschwören mag, aber mir scheint, daß ihr Blick sich getrübt hat. Das dichte blaue Wasser ihres Blicks. Ich beuge mich zu ihr.
– Sie werden sehen, sage ich zu ihr, es ist nicht der Rede wert, schierer Tourismus.
Sie zuckt die Achseln. Sie setzt eine vorwurfsvolle Miene auf.

Ich streiche mit der Hand über mein Gesicht. Ich werde wohl alt, ich rede wie ein alter Frontkämpfer, der schon ganz andere Dinge erlebt hat. Sie hält sich kerzengerade und mustert mich.
– Gut, sagt Antonio. Gehen wir?
Antonio zahlt, wir gehen.
Die junge Frau bemerkt meinen schönen Koffer, mit etwas runden Augen. Vorhin hat sie mit denselben Augen auf meine Kleidung gestarrt. Sie vergleicht mich wohl mit Antonio, und das ärgert mich irgendwie. Ich werde Zeit haben, ihr zu erklären, daß die schönen Koffer, der rauhe Tweed und das geschmeidige Wildleder die Grenzgänge erleichtern. Vielleicht wird sie es begreifen.
Der Wagen ist etwas weiter entfernt geparkt, und er ist pompös malvenfarben. Ich schaue Antonio an, und Antonio erwartete meinen Blick. Er lächelt mit dem Mundwinkel.
– Entweder oder, sagt er. Keine Zeit, ihn umzuspritzen.
Ich denke an diese malvenfarbene DS auf den Straßen des Südens, mit einer Frau an Steuer: alles, was nötig ist, um nicht aufzufallen.
– Leck mich, sage ich zu Antonio, wenn ich meine Worte, die ich auf spanisch sage, annähernd übersetze; etwas noch sehr viel Präziseres.
Er lacht frei heraus, ich auch.
– Ihr setzt mich in Hendaye ab, sagt Antonio.
Wir überqueren die Brücke über den Adour, und dann die zweite Brücke über den anderen Fluß, dessen Namen ich nie erfahren habe. Dann kommt der große Platz von Bayonne mit dem Musikpavillon. Auf einem Straßenschild steht: Spanische Grenze, soundsoviel Kilometer.
Es ist soweit, es geht los.
Antonio sitzt hinten, er döst.
Ich beobachte die junge Frau, sie fährt gut. Vielleicht eine

etwas überflüssige Schroffheit in den Kurven, aber bestimmt fühlt sie sich beobachtet, es ist unerheblich. Ich entspanne mich auf dem Sitz, ich höre das stetige leise Brummen des Motors und, draußen, das leise Brausen des Winds: ein leichtes Knistern, den Raum, der zerreißt.

– Verzeihen Sie, sage ich zu der jungen Frau, aber ich heiße Durand, Durand Michel, Ingenieur, verheiratet, zwei Kinder, Route de Paris sechsundzwanzig in Gentilly.

Sie nickt.

– Und Sie? sage ich.

– Meine Papiere liegen im Handschuhfach.

Ich nehme ihren Paß, sehe ihren Vornamen, ihr Alter, und so weiter.

– Sieh an! sage ich, ich hätte sie blau genannt!

– Wie bitte? sagt sie.

– Hier steht: Augen grün. Sogar Vermeerblau.

Ich habe das völlig grundlos gesagt, nur um meine vertrauten Fetische heraufzubeschwören. Sie entspannt sich lächelnd, vielleicht verschwörerisch, fängt sich aber sofort wieder. Sie konzentriert sich auf die Straße.

– Wenn Sie verheiratet sind, sagt sie etwas später, und ich verheiratet bin, was machen wir dann zusammen in Spanien?

– Einen Seitensprung natürlich!

Plötzlich macht der Wagen einen Sprung nach vorn, setzt zu einer Kurve an, die Reifen quietschen.

Antonio ist hinten aufgewacht.

– Was ist los? sagt er.

– Nichts, sage ich, wir probieren den Motor aus.

– Es scheint also zu klappen, sagt er gelassen.

Dann ist es ruhig., ein zusammenhangloses Geplauder mit Antonio. Zu meiner Rechten betrachte ich den See La Négresse, in der untergehenden Sonne.

Die Reise hat begonnen.
Zur Mittagszeit, vorhin, hatte ich mein Abteil verlassen und war in den Speisewagen gegangen. Es gab nur einen freien Sitzplatz, ich habe mich hingesetzt. Drei junge Frauen plauderten an meinem Tisch.
Es war banal, ihre Worte schwebten in der Luft wie Blasen. Vielleicht hörte ich nicht genau hin, das ist möglich. Vielmehr schaute ich hin. Sie waren schlank und schön, glatt, unverwüstlich vielleicht, das ist schon vorgekommen. Schließlich, kurz bevor man uns die Eisbombe brachte, habe ich begriffen, daß sie Mannequins waren. Unterwegs zu einer Modenschau in Tarbes. Und in dem Augenblick, da man uns Scheiben der Eisbombe auf den Teller legte, fiel in der Unterhaltung der jungen Frauen der Name Mercedes. Es schien, als sei Mercedes nur noch der Schatten ihrer selbst, der schmerzliche Schatten ihrer selbst. Warum? Es war verworren. Ich stellte mir Mercedes vor, brünett und bleich, *innerlich zerbrochen* – dieser Ausdruck kehrte mehrmals wieder, *innerlich zerbrochen* – infolge einer großen Verzweiflung. Doch eine der jungen Frauen schien mehr darüber zu wissen. Sie war mit Mercedes in Japan gewesen. Und im Flugzeug, das die Nordpolstrecke flog, hatte Mercedes, vielleicht als sie gerade Spitzbergen überflogen, sich ihr anvertraut. Anscheinend hatte sie bis zum Wahnsinn einen Mann geliebt, und dieser Mann war umgekommen. Seitdem war Mercedes nur noch der Schatten ihrer selbst, oder vielmehr der Schatten dieses Todes.
Wer aber war dieser Mann, dessen Abwesenheit Mercedes quälte? Die junge Frau erinnerte sich nicht mehr. Doch als sie mit Mercedes über die Nordpolstrecke nach Japan geflogen war, hatte ihr Mercedes den Namen dieses Mannes genannt, wie es schien. Er sei eines tragischen Todes gestorben, mehr konnte sie dazu nicht sagen, sogar die Zeitungen hätten dar-

über berichtet. Ein Autounfall, wie es schien, und *Paris-Match* hatte Fotos veröffentlicht. Die Eisbombe war gegessen, wir waren beim Kaffee. Fotos, in *Paris-Match*? Dieses Detail hat eine andere der jungen Frauen an etwas erinnert: das Auto, ein Facel Vega, war nur noch ein Schrotthaufen. Daran erinnerte sich die andere junge Frau ganz genau.
Und nun redeten sie alle gleichzeitig von Autos, von Unfällen, die in letzter Zeit einigen ihrer Freundinnen zugestoßen waren. Er war Schriftsteller, so schien es, mehr wußten sie nicht. Er war in diesem Schrotthaufen umgekommen, und Mercedes war nur noch der Schatten ihrer selbst.
Auf diese Weise hatte der Tod tückisch, seine Wahrheit hinter der geschwätzigen Unwissenheit dieser jungen Frauen verbergend, den Beginn jener Fahrt überschattet.
War es ein Vorzeichen?
Das frage ich Eve, so lautet ihr Vorname, zwischen Irún und Pasajes, nachdem ich ihr diese Geschichte des Speisewagens, die ich für bedeutungsvoll hielt, erzählt hatte. Aber sie schüttelt den Kopf, sie will an Vorzeichen nicht glauben. Ich übrigens auch nicht. Dann war dennoch ein Schweigen eingetreten, obwohl wir nicht an Vorzeichen glaubten.
In San Sebastián lasse ich sie die kurvenreichen Uferstraße einschlagen, die am Meer entlang um das Felsmassiv des Urgull-Bergs herumführt. Ich bitte sie anzuhalten, ich steige aus, stütze mich mit den Ellbogen auf die steinerne Balustrade. Das Wasser der Bucht ist ruhig, im Abendlicht. In der Ferne sieht man den vollkommenen Kreisbogen der Playa de la Concha. Junge Leute spielen im Sand Fußball, man hört Schreie, Gelächter, trotz der Entfernung kaum gedämpft. Zu meiner Linken, hinter dem Gebäude des Aquariums, taucht ein Motorboot auf. Hinter ihm werden noch weitere erscheinen: es ist die Tageszeit, zu der die Boote zum nächtlichen

Fischfang aufs Meer hinausfahren. Sie werden sich nicht allzu weit vom Ufer entfernen, denn sie betreiben die sogenannte *pesca de bajura* in den flachen Küstengewässern.
Sie hat sich neben mir auf die Ellbogen gestützt, sie schaut. Ich kehre der Landschaft den Rücken, ich sehe ihr Gesicht, ihre Schultern, ihre schmalen Hüften.
Sie regt sich.
– Ich dachte, wir hätten es eilig, sagt sie dann.
Ich zünde eine Zigarette an.
– Heute haben wir jede Menge Zeit, sage ich.
Sie betrachtet das Wasser der Bucht, das leicht gestreift ist vom Sog der aufs Meer hinausfahrenden Boote.
– Und morgen? sagt sie.
– Heute übernachten wir in Vitoria. Morgen früh fahren wir weiter. Ich muß vor Mittag in Madrid sein. Ich muß jemanden treffen: spätestens um zwei Uhr. Dann geht es weiter nach Sevilla.
– Sevilla! ruft sie aus.
– Warum?
– Andalusien!
Sie hat sich zu mir umgedreht, ihre Augen glänzen.
– Natürlich Andalusien, sage ich.
– Es soll wunderbar sein, sagt sie.
Ich schaue sie an.
– Übermorgen, Montag, sage ich, wird sich in Sevilla um siebzehn Uhr dreißig ein Kumpel zu einem Treffpunkt begeben. Nun hat sich aber herausgestellt, daß die Polizei von diesem Treffen weiß, vielleicht wird sie dort sein. Wir müssen ihr zuvorkommen.
Sie sieht mich an, sie sagt nichts, ihre Lippen beben.
Heute, Samstag, hat Pedro möglicherweise Malaga schon verlassen. Übermorgen soll er an diesem Treffpunkt in Sevilla

sein. Er hat den Koffer mit den Warenproben in die Hand genommen, er ist in die staubigen Autobusse gestiegen, die zwischen den ländlichen Weilern pendeln. Er wird mit den Fahrgästen geredet haben, niemand wird mißtrauisch sein, er spricht wie sie, mit demselben Akzent, derselben fiebrigen Lässigkeit. Er ist ein Handelsreisender, man wird ihm an den Haltestellen ein Getränk anbieten, mehr als einer wird den Eindruck haben, ihn irgendwo schon einmal gesehen zu haben. Und so wird Pedro, in kurzen Etappen, auf Umwegen, in aller Ruhe, doch ohne eine Minute zu verlieren, zu jenem Treffen nach Sevilla fahren, wo ihn vielleicht die Polizei erwartet. Die Nachricht von den Verhaftungen in Sevilla war bis nach Paris gedrungen, gestern. Anscheinend hatte M. geredet, so etwas kommt vor. Sollte er aber geredet haben, dann mußte er dieses Treffen vom Montag verraten haben. Falls er schwach geworden sein sollte, hätte ihn die Polizei sicherlich bis zum Ende ausgequetscht, um die Fäden von M.s Verbindung zu den höheren Rängen der Organisation herauszubekommen. Das weiß jedes Kind. Dieses Treffen mit Pedro war der Faden, der die Polizei vor allem interessierte. Man mußte darauf gefaßt sein, daß sie sich einfinden würde. In unserem Beruf muß man, auch wenn es deprimierend ist, immer von der pessimistischsten Arbeitshypothese ausgehen. Pedro war also schon unterwegs. Er sprach mit den Fahrgästen in den staubigen Autobussen an den Haltestellen der Dörfer. Er trank hellen Wein in den dunklen und kühlen Tavernen. Er aß rohen Schinken und fragte nach den Arbeitsbedingungen, nach der Ernte. Dann ging er hinaus in die senkrechte Sonne der weißen Straßen, er war frei. Er glaubte, frei zu sein. Aber in Sevilla war die Falle bereits aufgestellt, seine Stunde war gekommen, und er schritt durch die Wüste einer verlorenen Freiheit. Schon hatte sich das dunkle und schäbige Räderwerk einer Art von Schicksal in Gang gesetzt, ausgelöst durch die Schwäche eines Kumpels, durch seine Angst, seine Verzweiflung. In kleinen Etappen, ruhig, unerbittlich, ging Pedro zu jenem vergifteten Treffpunkt, dieser zur Falle gewordenen Freiheit.

Eve sagt nichts, ihre Lippen beben.

– Ich erkläre Ihnen später, was wir tun werden, sage ich.

Sie sieht mich an. Jetzt sind ihre Augen grün, ohne jeden Zweifel.

Jeder von uns hat seine besondere Art und Weise, sich nach Wochen, manchmal Monaten der Abwesenheit einer Stadt, einer Organisation zu nähern. Ich kenne Pedros Art und Weise nicht, ich bedauere es. Falls er es vorzieht, im allerletzten Moment in einer Stadt einzutreffen, um sich sofort zu seinem klandestinen Treffpunkt zu begeben, wird man ihn an Ort und Stelle abfangen müssen, im Park María Luisa, vor der Nase der Polizisten. Deshalb muß ich in Madrid haltmachen: ich werde einen zweiten Wagen brauchen, mit spanischem Kennzeichen. Das ist eine zwar riskante, aber keineswegs undurchführbare Lösung. Schließlich haben wir einmal einen Kumpel im Saal des Militärgerichts abgefangen, vor das man ihn als auf freiem Fuß befindlichen Beschuldigten geladen hatte. Wir hatten aus sicherer Quelle erfahren, daß er zu einer langen Haftstrafe verurteilt werden sollte, und wir haben ihn in allerletzter Minute abgefangen, drinnen im Gebäude des Militärgerichts. Es ist aber möglich, daß Pedro dieselben Vorlieben, dieselbe Vorgehensweise hat wie ich. Ich ziehe es nämlich vor, mindestens zwei Tage vor dem vereinbarten Treffen in einer Stadt einzutreffen – vor allem wenn ich dort nicht regelmäßig arbeite. Ich ziehe Erkundigungen ein, bei den Kumpeln, die nicht direkt mit dem Untergrundapparat in Verbindung stehen, ich gehe spazieren, ich atme die Stadt ein,

ich lausche ihren Geräuschen. Wenn eine Polizeiaktion im Gange ist, gibt es immer irgendwo ein Anzeichen, ein dichtes Schweigen, verschlossene Türen, undurchdringliche Blicke. Wenn Pedro dieselben Gewohnheiten hat wie ich, dann wird es ein Kinderspiel sein, ihn vor dem gefährlichen Treffen abzufangen. Reine Routinesache.
– Sie werden sehen, sage ich zu der jungen Frau. Es wird sehr gut gehen. Danach besichtigen wir die Gärten des Alcázar. Vielleicht fahren wir sogar nach Chipiona zum Baden.
Sie lächelt, und ich verstehe, daß sie für sich selbst nichts befürchtete, daß sie an Pedro dachte, an seinen minutiösen, fröhlichen Weg zu dem Treffpunkt, der möglichen Falle.
– Und in Madrid? fragt sie.
Ich verstehe nicht.
– Werde ich die ganzen zwei Stunden allein sein?
Mir ist zum Lachen zumute.
– Sie werden in den Prado gehen, sage ich. Warten Sie vor den Velázquez auf mich.
Ihr Gesicht hellt sich auf.
– Sie haben an alles gedacht, sagt sie.
– Dafür werde ich bezahlt, sage ich.
Sofort verdüstert sie sich wieder.
Ich habe noch nicht den richtigen Ton gefunden, um zu dieser jungen Frau zu sprechen. Ich versuche, sie mir vor den Velázquez vorzustellen.
Einmal hatte mich beim monatlichen Treffpunkt zur Übergabe der klandestinen Post in Madrid ein Ehepaar aufgesucht. Sie stammten aus Angoulême, ruhige, ältere Leute. Ihr langes Einvernehmen war weithin sichtbar, eine Art Frieden. Ich kannte sie gut, und nie hatte ich sie einen Fehler begehen sehen. Sie hatten mehrere Tage in Madrid bleiben müssen, und da habe ich ihnen einmal, um sie zu zerstreuen, vorgeschla-

gen, sie in den Prado zu führen. Der Mann hat nur den Kopf geschüttelt, er wirkte nicht eben begeistert, aber die Frau hielt es für eine gute Idee. Im Museum spielte ich ernsthaft meine Rolle als Führer, aber weder den Rubens noch den van Dycks, nicht einmal den Boschs gelang es, ihre Aufmerksamkeit zu erregen. Es wurde trübsinnig, und ich kürzte die Besichtigung ab. Ich habe sie in den Goya vorbehaltenen kleinen runden Saal geführt. Lange betrachteten sie, mit leerem Blick, die beiden Maja, ich war gekränkt. Und dann habe ich sie auf einem geschickten Weg geradewegs zur *Erschießung der Aufständischen am 3. Mai* geführt. Ich habe dafür gesorgt, daß sie plötzlich in den Saal gelangten, wo dieses Bild hängt, damit sie gewissermaßen darauf stießen. Wir standen vor der *Erschießung der Aufständischen am 3. Mai*, vor dem gelben Licht der Laterne, das schräg auf diese Männer fällt, die sterben werden, auf ihre Verzweiflung, ihre Angst, ihren Mut, und ich spürte, daß sie schließlich doch beeindruckt waren.

Die Frau hat genickt, sie ist aus ihrer Stummheit erwacht.

– Ah! das ist schön, hat sie gesagt. Man könnte meinen, es wäre ein Fougeron!

Ich wußte nicht, was ich sagen, was ich tun sollte. Ich war buchstäblich versteinert.

Eve ist in ein helles Lachen ausgebrochen, das jedoch sofort erstarb.

Sie sieht mich streng an.

– Ich mag diese Geschichte nicht, sagt sie.

Wir sind in einer Kneipe der Altstadt von San Sebastián, bei Juanito Kojua, wir trinken Clairet-Wein aus ganz kleinen Gläsern und essen gegrillte Sardinen, an der Theke von Juanito Kojua.

– Es ist eine bösartige Geschichte, sagt sie.

– Nicht doch, sage ich, eine moralische Geschichte.

Sie schüttelt den Kopf.
– Nein, sagt sie. Dieser Mann und diese Frau haben Risiken auf sich genommen, es sind Militante. Und dann stellt sich heraus, daß sie nichts von Malerei verstehen. Na und? Das ist doch nebensächlich, finden Sie nicht?
– Ja, sage ich. Aber finden Sie nicht, daß wir ein wenig zu weit gehen, wenn wir die Malerei und die Philosophie und die Moral ständig für nebensächliche Dinge halten?
Sie verzieht den Mund, sieht über ihr Weinglas hinweg.
– Wir? fragt sie.
– Wir, sage ich. Es wäre zu einfach, wenn immer nur die anderen die Schweinereien machen.
Sie nickt.
– Jedenfalls, sage ich, geht es hier nicht um dieses Ehepaar. Ich habe wirklich nicht die Absicht, sie auszulachen. Es geht um unsere Dummheit, eine bestimmte kommunistische Dummheit. Es ist eine traurige Geschichte, keine bösartige, sondern eine moralische Geschichte.
Sie stellt ihr Glas auf die Theke.
– Sie sind gar nicht lustig, sagt sie.
Ich hebe mein Glas vor ihre Augen, um auf ihr Wohl zu trinken. Aber sie entspannt sich nicht, noch nicht.
Und dann fühle ich in dieser Menge, die sich bei Juanito Kojua um die Theke drängt, im Gelächter, den Rufen, einen auf mir ruhenden Blick. Ich fühle das Gewicht eines Blicks auf meinem Nacken. Ich drehe mich nicht gleich um. Ich bitte den Kellner, unsere Gläser erneut zu füllen, ich nehme Eves Glas, ich reiche es ihr, und bei dieser Geste drehe ich mich ein wenig, eine Bewegung, die natürlich wirken kann, um hinter mich zu sehen.
Ein paar Meter entfernt, inmitten einer Traube von Gesichtern, sehe ich die blauen Augen von Luis Martín Santos. Er

hält ein Glas in der Hand, unmerklich hebt er sein Glas in meine Richtung. Auch ich hebe mein Glas. Wir trinken auf unser beider Wohl, allein, aber durch diese Geste verbunden, inmitten der Menschenmenge bei Juanito Kojua.

Es ist viel passiert, seit ich ihn das letzte Mal gesehen habe. Wir befanden uns in dem großen Zimmer seines Hauses bei den bücherbedeckten Wänden. Wir plauderten, und María del Rocio hat uns Getränke gebracht. So hieß seine Frau, Maria des Taues, nach einer andalusischen Muttergottes, zu der viele Menschen pilgern. Aber seine Frau war inzwischen gestorben, und man hatte mir gesagt, daß Luis M. S. über diesen Tod nicht hinwegkäme. Man hatte mir gesagt, daß er noch immer in der blendenden Wüste dieses gewaltsamen Unfalltodes herumlief. Wir plauderten in dem großen Zimmer, die Kinder hatten Gute Nacht gesagt, und María del Rocio hatte uns Getränke gebracht. Dann war sie in einer Ecke sitzen geblieben, aufmerksam, aber stumm. Wie immer sprachen wir über Spanien, und ein weiteres Mal waren wir uns nicht einig. Luis M. S. hatte mir unsere voluntaristischen Illusionen, wie er es nannte, vorgeworfen, unsere Art und Weise, die spanische Wirklichkeit zu betrachten, die er als archaisch bezeichnete. Er war schon mehrfach im Gefängnis gewesen, er nahm Risiken auf sich, indem er mich bei sich zu Hause empfing. Wir sprachen lange, es gelang uns nicht, uns einig zu werden, aber hinter unseren Meinungsverschiedenheiten gab es eine Art Komplizenschaft, eine Art gemeinsamer Sprache, gemeinsamer Suche. Wir fühlten uns wohl dabei, trotz unserer Uneinigkeit. Dann wurden die Lampen angezündet, und ich mußte gehen, ich mußte noch am selben Abend die Grenze passieren.

Nach jener Begegnung hatte ich sein Buch gelesen, einen der besten Romane, die in den letzten Jahren auf spanisch ge-

schrieben worden sind. Ich hatte bereits einige seiner philosophischen Essays gelesen, aber dieser Roman war wirklich ausgezeichnet. Hellsichtig und warmherzig, zeugte er von einer wenig üblichen Beherrschung der Sprache, ihrer Formen und ihres Sinns.
– Wir müssen gehen, sagt Eve, sonst werde ich zuviel trinken.
Ich sehe sie an. Es stimmt, daß sie zuviel trinken wird.
– Das macht nichts, sage ich, ich werde fahren.
Mißtrauisch runzelt sie die Stirn.
In diesem Augenblick verläßt Luis M. S. die ihn umringende Gruppe, er geht zur Tür der Kneipe. Auf der Schwelle dreht er sich zu mir um, gibt mir ein winziges Zeichen, wie eine Aufforderung.
– Gut, gehen wir.
Ich zahle, ziehe die junge Frau auf die Straße.
– Gehen Sie zum Auto, sage ich, ich komme nach.
Sie wirkt etwas verwirrt, aber sie gehorcht.
Ich zünde eine Zigarette an, ich warte einige Augenblicke, dann gehe ich auf Luis M. S. zu. Er steht an der Straßenecke, regungslos.
– Ich habe dein Buch gelesen, sage ich.
Er lächelt, zuckt die Achseln.
– Kommst du zurecht?
Er hat meine Frage sehr gut verstanden, antwortet aber nicht gleich.
– Ich glaube nicht, sagt er dann.
Wir schweigen, der Himmel ist dunkel geworden. Er hebt die Augen zum dunkel gewordenen Himmel.
– Reist du ein oder aus? sagt er.
Im Grunde geht es ihn nichts an, ob ich nach Frankreich oder in den Süden reise.
– Ich reise ein, sage ich trotzdem.

Da legt er in einer raschen Bewegung eine Hand auf meinen linken Arm.
– Dann viel Glück, sagt er. Und er geht.
Ich begebe mich zum Wagen.
Eve sitzt am Steuer, ich lehne mich an die Tür.
– Scherz beiseite, sage ich zu ihr. Ich möchte diese Kardinalskarre gerne mal fahren.
Sie sieht mich zögernd an.
– Können Sie es denn?
Da lache ich.
– Autofahren, sage ich, mit Sprengstoff umgehen, schwimmen, mit Katholiken diskutieren, lauter Dinge, die man im ersten Jahr lernt.
Jetzt ist sie perplex.
– In welchem ersten Jahr?
– Ich meine, daß es für einen Hauptamtlichen elementar ist.
Sie sieht mich noch immer an.
– Sie machen Witze, nicht wahr? sagt sie.
– Aber ja: ein intimer Scherz.
– Wir sind nicht intim, präzisiert sie leise.
– Das kommt noch, sage ich.
Da rutscht sie wütend auf den Beifahrersitz und überläßt mir das Steuer.
Ich habe an der Ausfahrt von San Sebastián vollgetankt. Dann war die Straße wie ein hallender Tunnel in der hereinbrechenden Nacht, in der hereingebrochenen Nacht, die vom Licht der Scheinwerfer durchlöchert wurde, schwindelerregend. Aber ich wollte vor allem wegen des Echegarate-Passes selber fahren. Es war herrlich.
Eve hat kein Wort gesagt, bis zu dem Augenblick, wo ich die DS vor dem Tor des Canciller Ayala in Vitoria angehalten habe.

Wie kam es, daß wir später von Hemingway sprachen? Wahrscheinlich wegen der Stiere.
Ich hatte sie zum Essen ins Portalón geführt, und sie war überrascht gewesen über die Atmosphäre des Orts, über die gedämpfte Ruhe des Empfangs, die Kerzen auf den Tischen.
Sie sieht sich um, ihr Gesicht wird seitlich vom Licht der Kerzen beleuchtet.
Sie schüttelt den Kopf.
– Also wirklich, sagt sie, so habe ich mir diese Art Reise ganz und gar nicht vorgestellt.
Ich habe nicht geantwortet, denn ich stellte das Menü zusammen, das war wichtig.
Dann, als wir auf das Essen warteten, hat sie mir Fragen über die Stierkämpfe gestellt. Natürlich ist in der Unterhaltung der Name Hemingways gefallen. Sie hatte *A Dangerous Summer* nicht gelesen, ich habe ihr davon erzählt. Im übrigen hatte sie nur eine sehr vage Vorstellung von Stierkämpfen. Ich muß sagen, daß mir das ziemlich schnuppe war, Stierkämpfe interessieren mich nur mäßig. Aber ich erzählte davon in der Stille des Portalón: es war eine einfache Unterhaltung.
Etwas später jedoch hat sie mich durch höchst vulgäre Bemerkungen über den Selbstmord erbost. Ich antwortete schroff, und es trat ein Schweigen ein.
Der Selbstmord?
Hemingway stand, ein leeres Glas in der Hand, auf der Terrasse, im Schatten. Er betrachtet mich, die Augen zusammenkneifend.
– Sind Sie sicher, daß Sie kein Journalist sind?
Dieselbe Frage hat er mir vorhin schon einmal gestellt.
– Ja, sage ich, völlig sicher.
Der Freund, der mich mitgebracht hat, amüsiert sich köstlich. Er versichert ein weiteres Mal, daß ich Soziologie treibe. Aber

Hemingway sieht mich weiterhin argwöhnisch an. Ich sehe wohl nicht so aus, als triebe ich Soziologie. Dann zuckt er die Achseln und deutet auf sein leeres Glas. Jemand füllt es ihm augenblicklich.

Wir befinden uns in Escorial, Ende des Frühjahrs 1956. Hemingway wohnt mit seiner Frau im Hotel *Felipe Secundo*, und an jenem Tag aß er bei einem seiner besten Freunde zu Mittag, einem *matador*, den er über alles schätzte.

Dieses Wort, *matador*, verwendet man im Spanischen zur Bezeichnung des Berufs dieses Mannes: genauer *matador de toros*, Stiertöter, und das ist tatsächlich die beste Art, den Beruf dieses Mannes zu bezeichnen: an jedem Nachmittag, an dem ein Kampf stattfindet, muß er zwei Stiere töten.

Genau das ist seine Aufgabe, den Tod zu geben, allein vor dem Tier zu stehen, im letzten Drittel des Kampfs, dem Drittel des Todes, das ihn an die Spitze der Stierkampfhierarchie stellt.

– Aber Don Ernesto! sagt der *matador*. Das würde man Ihnen doch nicht antun, Ihnen einen Journalisten mitzubringen!

Er kennt mich überhaupt nicht, ich bin ihm gerade unter falschem Namen vorgestellt worden. Aber der Freund, der mich mitgebracht hat, gehört fast zur Familie, und er will Hemingway beruhigen.

Dann ist ein Schweigen eingetreten, und wir haben weiter getrunken, in diesem Schweigen. Die Terrasse des Hauses ist schattig, sie überragt das Plateau von Escorial. Im Hintergrund sieht man, von der Sonne vergoldet, die graue Steinfassade des Klosters.

Wir alle saßen, Hemingway stand. Wieder war sein Glas leer. Er sprach langsam, ein präzises Spanisch.

– Als ich zum ersten Mal wieder hierhergekommen bin, sieht sich der Grenzbeamte meinen Paß an und sagt lächelnd zu mir: »Sie heißen wie dieser Amerikaner, der während des Kriegs auf der Seite der Roten stand.« Er lächelte, dieser Polizist, als er mir meinen Paß zurückgab. Und da sagte ich zu ihm: »Ich heiße deshalb wie dieser Amerikaner, der während Ihres Kriegs auf der Seite der Roten stand, weil ich dieser Amerikaner bin, der auf der Seite der Roten stand.« Der Polizist ist ganz blaß geworden, er hat mich mit großen Augen angesehen. Dann hat er geschluckt und gesagt: »Verzeihen Sie.« Ich bin noch immer Amerikaner, nicht wahr? Aber er lächelte überhaupt nicht mehr.

Wir alle lachen. Hemingway lacht nicht.

Er steht im Schatten, sein Bart ist rot. Er lacht nicht. Von neuem schwenkt er sein leeres Glas, aber diesmal denkt niemand daran, es wieder zu füllen.

– Unser Krieg! sagt Hemingway. Die Spanier sagen immer »unser Krieg«. Die Roten, die Weißen, die Farblosen: unser Krieg. Als wäre es das einzige, was ihnen gemeinsam wäre, was sie teilen könnten.

Mir schien, als spräche Hemingway mit strenger Stimme. Mir schien auch, als spräche er zu sich selbst.

– Kann man den Tod teilen? fragte Hemingway.

Er bog den Oberkörper zurück, in einem lauten, rauhen Lachen. Dann hat er selbst sein Glas wieder gefüllt, da niemand daran gedacht hatte, es zu tun.

Ich lausche Hemingway, und ich denke an neulich.

Wir hatten eine Versammlung mit Studenten abgehalten. Seit den Februardemonstrationen begann die Universitätsorganisation zu wachsen, und es gab viele Probleme zu diskutieren. Wir waren mit dem Auto in die Berge gefahren. Auf der Rückfahrt hatten wir an der Klosterruine des Paular angehalten. Wir sind in dem Kloster herumgelaufen, zwischen dem Unkraut. Einer der Flügel des Gebäudes stand noch, wir sind

hineingegangen. Die ehemaligen Zellen der Mönche reihten sich aneinander. Der Boden war mit Schutt bedeckt, das Tageslicht drang durch die klaffenden Decken. In der letzten, fast unversehrten Zelle dagegen waren an der Wand noch Inschriften zu sehen. *139 Brigada Mixta* konnte man in einer Ecke lesen. Und in der Mitte, in Großbuchstaben: NO PASARÁN. Wir standen reglos vor den wiederaufgetauchten Spuren dieses alten Krieges, an dem keiner von uns teilgenommen hatte. Doch jedem von uns sind Erinnerungen gekommen, wette ich. Juan stand neben mir, und ich wußte, daß Juans Vater am ersten Tag dieses alten Kriegs umgekommen ist. Er war Grundbesitzer in der Provinz Toledo, und als die Nachricht vom Aufstand der Armee bekannt wurde, sind die Bauern, am ersten Tag dieses Krieges, mit Heugabeln und Jagdgewehren gekommen und haben den Grundbesitzer niedergestreckt. Heute, zwanzig Jahre später, steht Juan neben uns, und ich betrachte diese Spur an der Wand, diese Wörter eines alten Krieges. Eine Weile sind wir mit hängenden Armen stehengeblieben und dann stumm weitergegangen.
Draußen schien die Sonne. Wir sind nach Madrid zurückgefahren.
Ich erinnere mich an jene Inschrift an der Wand einer der Mönchszellen im zerstörten Kloster des Paular, und ich lausche Hemingway.
– Vielleicht wollen sie ja nicht ihren Tod teilen, sondern ihre Jugend.
Wieder lacht er streng.
– Also auch meine.
Keiner weiß mehr, was er sagen soll, und keiner sagt etwas.
– Wenn wir alle tot sein werden, sagt Hemingway, gibt es nichts mehr zu teilen. Er sagt nichts mehr, er trinkt.
Der alte Ernest, hatte ich gedacht, der alte Ernest, traurig und

bärtig. Er hatte in strengem Ton gesprochen, aber ich war überzeugt, daß diese Strenge nur ihm selbst galt.

Dann hatte die Unterhaltung wieder eingesetzt, Mary Hemingway brauchte etwas, und sie bat um das, was sie brauchte. Der *matador*, der uns zum Mittagessen empfing, stand auf, um zu holen, worum Mary Hemingway mit ihrer durchdringenden Stimme gebeten hatte. Ich sehe ihm nach, er hinkt ein wenig. Vor kurzem ist er vom Horn eines Stiers an der Hüfte verletzt worden.

Es war der Wohltätigkeitskampf, den der Presseverband jedes Jahr organisiert, und der Zufall wollte, daß ich bei diesem Kampf zugegen war. Auch Antonio Bienvenida trat auf, und das Publikum war für Antonio Bienvenida, von dem es hieß, er habe zugunsten der Wohltätigkeitseinrichtung, für die der Kampf organisiert worden war, auf seine gesamte Gage verzichtet. Das Publikum war für Antonio Bienvenida, wegen dieses Gerüchts über Bienvenidas Großzügigkeit, die mit dem eigentlichen Kampf doch gar nichts zu tun hatte. Mir dagegen war es so vorgekommen, als hätte der *matador*, der uns heute zum Mittagessen empfing, mit seinem ersten Stier sehr viel schönere und, ungeachtet ihrer scheinbaren Leichtigkeit, sehr viel schwierigere Dinge gemacht als Antonio Bienvenida. Aber das Publikum pfiff ihn aus, rief ihm zu, er solle näher an das Tier herangehen, das Publikum erinnerte ihn mit Geschrei an die Hunderttausende *pesetas*, die er für diesen Kampf einstecke, als gäbe dieses Geld ihm, dem Publikum, das Recht, das Blut dieses Mannes fließen zu sehen. Und bei seinem zweiten Stier hat der *matador*, von dem ich spreche, unter dem Geschrei des Publikum, immer schwierigere Dinge gemacht. Zum Schluß ist das Publikum verstummt, vielleicht endlich von Panik ergriffen, aber es war zu spät, und Ordoñez war bei jedem seiner Manöver bereits zwischen den

Hörnern des Stiers, und er ließ ihn am Ende jeder seiner Figuren nicht mehr entkommen, sondern hielt ihn dicht an seinem Körper, in einer verlangsamten Drehung ihrer beider Körper, bis zu dem Augenblick, da dieser fast vollkommene Rundtanz in der ungeheuren Stille der Menge durch einen tückischen Ausfall des Tiers durchbrochen wurde, das den *matador* am Oberschenkel nahe der Leiste auf die Hörner genommen und in die Luft geschleudert hat, und da lief eine Art Schauder durch die Menge, wie ein heiseres Gemurmel, aber schon stand Ordoñez wieder auf den Beinen, blutend, und er hat alle Leute mit wütenden Schreien weggeschickt, er hat das rote Tuch und seinen Degen aufgehoben, und er hat das Tier erneut in seine Gewalt gebracht, es so zurechtgestellt, wie er es zurechtzustellen verstand, mit korrekt gespreizten Beinen, gesenktem, besiegtem Kopf, bereit, den Tod zu empfangen, und er hat diesem Tier den Tod gegeben, das ihn in einem brutalen Zucken empfing, und dann ist Ordoñez blutüberströmt zusammengebrochen, und man hat ihn in die Ambulanz gebracht.

Jetzt kommt er leicht hinkend mit Mary Hemingways Handtasche zurück.

Ich sehe ihn an, ich sehe den Freund an, der mich mitgebracht hat. Auch ihre Frauen sind da. Beide sind brünett, beide schlank, und sie hören sich Mary Hemingways Geplapper mit starrem Lächeln an.

Ich erhebe mich, ich stehe neben dem alten Ernest.

– Sind Sie wieder im *Gaylord's* abgestiegen? sage ich zu ihm.

Er sieht mit scharfem Blick über sein Glas hinweg und schüttelt den Kopf.

– Im *Gaylord's?* sagt er. Nein, bestimmt nicht.

Ich habe Lust, ihm zu erzählen, daß ich meine Kindheit in der Straße verbracht habe, in der sich das Hotel *Gaylord's* befand.

Unmittelbar daneben gab es einen Gemischtwarenladen, Santiago Cuenllas, wo wir einkauften. Ich werde ihn nichts von alledem erzählen, es ist zu lange her.
– Haben Sie es gesehen? sage ich zu ihm. Das Haus in der Calle Serrano ist zerstört worden.
Er stellt sein Glas ab, er nickt.
– Ja, sagt er. Die Calle Serrano hat sich sehr verändert.
Ich habe den Eindruck, daß wir jetzt reden könnten.
Aber es ist Zeit, sich zu Tisch zu setzen. Man bittet uns zu Tisch. Es ist zu spät. Wir werden nicht mehr reden. Wir begeben uns ins Eßzimmer, im Lärm der Unterhaltung, den die durchdringende Stimme Mary Hemingways übertönt.
Wir haben gegessen, im Lärm dieser durchdringenden Stimme.

– Was ist die Calle de Serrano? fragt Eve am nächsten Tag.
– Eine Straße in Madrid.
Sie zuckt die Achseln.
– Ich meine jenes Haus in der Calle de Serrano, sagt sie.
– Es war eine Privatvilla, in der sich während des Bürgerkriegs das Zentralkomitee der Partei befand.
Aber die Calle de Serrano hatte sich sehr verändert.
Am ersten Abend meiner Rückkehr nach so vielen Jahren – genau siebzehn Jahren – hatte ich mein Gepäck im Hotel gelassen, Calle Santa Cruz de Marcenado. Man hatte mir an der Rezeption meinen französischen Paß zurückgegeben, und ich war in die Nacht hinausgegangen. Ich lief wie ein Irrer, alles war vertraut und gleichzeitig unkenntlich. Ich war nach rechts gegangen, durch San Bernardo, ich lachte in mich hinein. Es war Juni, es war schönes Wetter, die Straßen waren voller Spaziergänger. Ich bin die Gran Vía hinuntergegangen bis zur Plaza de la Cibeles. Jetzt war ich angekommen. Ich brauchte nur noch ein paar hundert Meter zurückzulegen,

und ich würde vor der Nummer elf der Calle de Alfonso XI stehen. Dann würde ich bis zum Eingang des Parks gehen, er wäre für die Nacht geschlossen. Langsam würde ich am Gitter entlanggehen.

Nichts hatte sich verändert, so schien es, aber ich erkannte nichts wieder. Als ich dann in die Calle de Serrano kam, war mir nicht mehr nach Lachen zumute. Eine konfuse Verwirrung, eine Art Trägheit des Körpers und des Geistes hatten mich ergriffen.

Und in diesem Moment stach mir zu meiner Rechten das Schaufenster eines Ladens und dessen leuchtendes Reklameschild in die Augen: *La Gloria de las Medias*. Ich machte noch einige Schritte und blieb dann stehen.

Einige Sekunden zuvor war mir alles noch verwirrend, unproportioniert, bedeutungslos erschienen. Dieser insgeheim mit einer gewissen Angst ersehnte Augenblick, in dem Gedächtnis und Gegenwart einander ähneln und siebzehn Jahre Exil ungeschehen machen würden, dieser Augenblick, dem ich von einer Straße zur andern, von der Plaza de la Cibeles bis zur dunklen Masse der Bäume des schlummernden Parks nachjagte, hatte sich verflüchtigt, in Nichts aufgelöst, unaufhörlich verblassend, ohne daß es ihm gelungen wäre, Gestalt anzunehmen. Und da tauchte aus dem Dunkel der Nacht das Schaufenster dieser völlig vergessenen Kurzwarenhandlung vor mir auf, ihr Leuchtschild mit dem lächerlichen Namen, *La Gloria de las Medias*, als wäre im Durcheinander der Jahre, der Kriege, des ganzen Universums die seltsame, vielleicht sogar ironische Beständigkeit dieser kleinen Kurzwarenhandlung mit ihrem hochtrabenden Namen, *Zum Ruhme der Strümpfe*, die einzige Verbindung mit einer Vergangenheit, die um so unwiderruflicher vorbei war, als nur dieser Laden, nur dieser Name das unveränderliche und vergängliche Wesen der verflossenen Tage bewahrt hatten; als ob mir genau in dem Augenblick, in dem ich im Begriff stand, mich von neuem zu verirren und ein Fremder in meinem Heimatland zu bleiben, das Auftauchen dieser Kurzwarenhandlung, ihre bescheidene und hartnäckige Beständigkeit, die Echos, die ihr Name in mir weckten, es mir erlaubt hätten, mein Gedächtnis zu fixieren und endlich das Rauschen der Akazien entlang den stillen Straßen zu vernehmen, den noch warmen Stein der aufgereihten Fassaden zu berühren, den schweren, dichten Geruch der Nacht wiederzufinden.

Ich betrachtete das Leuchtschild, alles war wieder evident geworden.

– Ausgezeichnet! sage ich zu Eve. Sie waren so schnell wie die polnischen Lanzenreiter. Aber es liegt ja kein Schnee heute.

Sie schaltet einen anderen Gang ein. Die DS erreicht die Paßhöhe von Somosierra.

– Wie bitte? sagt sie.

Jetzt fahren wir bergab auf Madrid zu.

– Erinnern Sie sich, sage ich. Napoleon hat diesen Paß mitten im Winter mit seinen polnischen Lanzenreitern in gestrecktem Galopp überrannt.

Sie bricht in Lachen aus.

– Eins ist sicher, sagt sie. Heute sind Sie guter Laune.

Natürlich, ich kehre nach Hause zurück.

Ich würde lügen, wenn ich behauptete, daß die Aufregung wegen des morgigen Treffens, die Möglichkeit, Pedro den Fängen der Polizei zu entreißen, mich freudig stimmt. Es liegt ganz einfach daran, daß ich nach Hause zurückkehre. Ich kehre in die Stadt meiner Kindheit zurück.

– Wie werden wir in Sevilla vorgehen? fragt Eve.

Ich erläutere ihr den vorgesehenen Plan in allen Einzelheiten.

In Madrid werde ich L. bitten, noch am selben Abend nach

Sevilla zu fliegen. Er steht mit den dortigen Studenten in Verbindung, und vielleicht werden wir uns auf ihre Organisation stützen müssen, falls die Festnahmen den Arbeitersektor unantastbar gemacht haben sollten. Außerdem werde ich Juan bitten, sich in seinen Wagen zu setzen und an Ort und Stelle zu uns zu stoßen. Um Pedro aus Sevilla herauszuschleusen, wird ein Wagen mit spanischem Kennzeichen weniger auffallen.
– Sind es Hauptamtliche? fragt sie.
– Wer?
– Die Kumpel, von denen Sie sprechen?
– Überhaupt nicht, sage ich. Der eine ist Architekt und der andere Arzt.
– Und sie werden alles stehen und liegen lassen, um zu kommen? fragt sie.
– Aber ja, sage ich, Sie selbst sind doch auch gekommen.
Sie lacht.
– Na so was! sagt sie. Endlich etwas Menschliches!
Ich sehe sie lange an. Sie tut so, als bemerke sie es nicht, auf die Kurven der Straße achtend.
– Und dann? fragt sie.
Dann muß man an Ort und Stelle entscheiden, je nach der Situation, die wir in Sevilla vorfinden. Äußerstenfalls werde ich Pedro am Treffpunkt selbst abfangen, im Park María Luisa.
Aber nichts ist so gelaufen wie vorgesehen.
Drei Tage später, am Mittwoch morgen, liegen wir am Strand von Chipiona. Der Sand ist von leuchtendem Grau, das Wasser war warm, der Himmel bedeckte sich mit Schäfchenwolken. Wir dösten.
Am Sonntagabend, am Montag war Pedro bis fünf Uhr nachmittags unauffindbar gewesen. Keine Spur von seiner Ankunft

in Sevilla, nirgendwo. Daher waren wir gezwungen, uns zu jenem Treffpunkt zu begeben, um siebzehn Uhr dreißig, in den Alleen des Parks María Luisa. Pedro mußte von einem bestimmten Punkt aus einen bestimmten Weg nehmen, und auf diesem Weg hätte M. sich ihm vorstellen sollen. Ich habe mich an einer Stelle postiert, von der aus ich Pedros Ankunft beobachten konnte. Juan saß etwas weiter entfernt im Wagen, auf einer befahrbaren Allee. Der Wind war lau, aus den Beeten stieg ein betäubender Geruch. Ich war ein Spaziergänger, ich hörte Stimmen spielender Kinder. Die Zeit dehnte sich, und mir schien, als bliebe sie stehen, in der banalen Unschuld eines Frühlingsnachmittags. Aber Pedro ist nicht gekommen. Am Ende der Allee war ein alter Mann mit seinem Hund aufgetaucht. Dann eine Frau, die einen Kinderwagen schob. Junge Mädchen mit Büchern unter dem Arm. Der alte Mann war mit kleinen Schritten zurückgekommen, da der Hund an der Leine zerrte. Schließlich war, nach vielen aufeinanderfolgenden Regloskeiten, die Zeit verstrichen. Pedro würde nicht mehr kommen, und diese Abwesenheit, die beruhigend hätte sein müssen, da sie ihn vor der Möglichkeit bewahrte, in die Hände der Polizei zu fallen, erschreckte mich noch viel mehr. Alles verwirrte sich, unsere Anwesenheit hier hatte keinen Sinn mehr, alles Mögliche hätte passieren können, ohne daß wir eingreifen konnten. Wir mußten weg, mit einem bitteren Geschmack im Mund.
Am nächsten Tag, Dienstag, hatten wir uns erneut im Park auf die Lauer gelegt. Unmöglich herauszufinden, ob gestern die Polizei dagewesen war. Zwar war zur vereinbarten Zeit ein Auto – ein grauer Seat – die Allee entlanggerollt. Vier Männer saßen darin. Aber das war vielleicht nur Zufall. Auf gut Glück hatten wir unsere Warteposition geändert. Auch Juan war wiedergekommen, mit einem Leihwagen, da sich sein eigener,

ein ausländisches Fabrikat, leicht identifizieren ließ. Dieselbe Ruhe, dieselbe Sonne über den Bäumen, dasselbe vergebliche Warten.

Ich hebe den Kopf, meine Augen schließen sich unter dem Widerschein der Sonne. Der Strand von Chipiona ist menschenleer, der Sand ist grau, gesäumt von glänzender Gischt.

– Eve! Wir müssen aufbrechen!

Ich betrachte ihren ausgestreckten Körper, ihren Nacken, ihr kurzes Haar. Sie richtet sich auf.

– Schon? sagt sie schläfrig.

Ich stehe, ich reiche ihr die Hand. Als sie aufsteht, lastet einen Augenblick ihre Hüfte auf mir, ihr Arm auf meiner Schulter.

– Wir werden im Dorf etwas essen, bevor wir losfahren, sage ich.

– Fritierten Fisch? fragt sie. Ich nicke, sie lacht.

Ihr Lachen erstirbt, ihre Augen trüben sich.

– Und Pedro? sagt sie.

Ich zucke die Achseln.

Wir können für Pedro nichts mehr tun. Sie wird mich in Madrid absetzen, ich werde ihr eine Nachricht für Antonio mitgeben. Ich werde auf Nachrichten, auf Instruktionen warten.

Sie schaut mich an, schaut auf das Meer.

– Es war eine seltsame Reise, sagt sie, das Meer anschauend.

Sie regt sich, sammelt ihre Kleider ein, wir gehen.

Eine Woche später drehte ich den Kopf, ich sah den See La Négresse. Die Sonne ging unter, das Wasser war glatt und dunkel.

Letztlich war unsere Reise unnötig gewesen. Durch Zufall hatte Pedro von M.s Verhaftung erfahren, er hatte sich nicht aus Málaga weggerührt. Man hatte mir einen anderen Wagen nach Madrid geschickt, für die Rückfahrt.

Ich fuhr zurück.
In Hendaye frage ich Antonio nach der Telefonnummer des Doktors. Ich hatte noch Zeit bis zur Abfahrt des Nachtzugs in Bayonne. Ich wollte sie sehen, Eve und ihn.
Antonio wurde bleich, er wandte den Kopf ab, er erzählte.
Eve war auf der Rückfahrt ums Leben gekommen, kurz vor der Kurve des La Négresse. Ein ihr entgegenkommender Fahrer hatte die Kontrolle über sein Auto verloren und war frontal mit ihr zusammengeprallt. Sie war auf der Stelle tot.
Jetzt drehte ich den Kopf, ich sah den See La Négresse zu meiner Linken. Das Wasser war reglos, bleiern. Verworren bewegten sich Dinge in meinem Gedächtnis. Das dunkle Wasser war ein tödlicher, wünschenswerter Friede.

Ein See oder der Traum von einem See?
Dieses zwanghafte Bild eines dunklen, kreisförmigen Wassers inmitten der hohen Tannen der Berge hat sich auf ganz natürliche Weise mit einer bestimmten Vision von Manuels Zukunft verknüpft.
Aber heute, am 7. August 1945, in der Klinik von Montlignon, wo man ihm soeben das rechte Ohr angenäht hat, ist diese Zukunft unvorhersehbar, inexistent. Es gibt nur diesen wirren Traum von einem felsigen Wasser, in seinem vom Ekel des Chloroforms getrübten Bewußtsein.
Die Tür hat sich erneut geöffnet.
– Sie haben Besuch, sagt eine Stimme.
Er öffnet die Augen. Es ist dieselbe Nonne, die »Schwester« genannt werden wollte.
– Besuch? fragt Manuel.
– Eine junge Frau, sagt die Nonne. Ihre Verlobte.
Da ist ihm nach Lachen zumute. Er erkennt die Listen wieder, die L. anwendet, um sich in seinem Leben einzunisten.

– Natürlich, sagt er.
Und er läßt sich auf die feuchten Kissen sinken.
Sie hatte am Morgen bei dem Gemischtwaren- und Tabakladen mit Café von Madame Robbe angerufen. Manuel hatte ihr gestern, in der Gare du Nord, die Nummer gegeben, als Zeichen guten Willens, um ihr zu beweisen, daß er nicht auf Nimmerwiedersehen verschwinden würde, unter dem fälschlichen Vorwand, er habe in der Präfektur von Versailles etwas zu erledigen.
Sie hatte am Morgen angerufen, und Madame Robbe war nur allzu glücklich, ihr von jenem Unfall zu berichten. Madame Robbe hatte sich erboten, sie in die Klinik zu fahren, wo man, noch heute, den armen Monsieur Manuel operieren werde. Sie hatten sich für den Nachmittag verabredet.
Sie war gekommen, und Madame Robbe hatte sie sogleich in ihre Küche gebeten, um gemütlich zu schwatzen, wobei sie durch die halb geöffnete Tür ein wachsames Auge auf den Laden hatte.
Nach ihrem detaillierten Bericht von dem Sturz auf den Bahndamm zu urteilen, hätte man meinen können, Madame Robbe wäre selbst in dem Zug aus Persan-Beaumont gewesen. Man hätte auch meinen können, sie hätte sich in der Apotheke von Gros-Noyer befunden, und tatsächlich war sie überall gewesen, sie hatte alles gesehen, dank jener Gabe der Allgegenwart und Hellsicht, wie sie für die leidenschaftlichen Erzähler vermischter Nachrichten kennzeichnend ist.
Und dann, als Madame Robbe alles zu Ende erzählt hatte, den Sturz auf den Bahndamm, und das Erwachen in der Apotheke von Gros-Noyer, und den Transport im Krankenwagen, und ihr Gespräch mit Monsieur Manuel auf der Treppe des Hauses Sedaine, Rue Auguste-Rey 47, schwieg Madame Robbe ostentativ.

Ein bedeutsames Schweigen.
Sie sah Madame Robbe an und fragte sich vielleicht, was dieses Schweigen bedeuten mochte.
– Wissen Sie, daß er sich umbringen wollte? fragt Madame Robbe mit einemmal.
Entsetzt wirft sie den Körper zurück.
Madame Robbe beobachtet sie mit zusammengekniffenen Augen, in der Hoffnung, in diesem Frauengesicht die unumstößliche Bestätigung ihrer Vorahnung zu finden.
– Sich umbringen?
Sie denkt an Manuel, der in der Nacht wie ein Verrückter aufstand, aus ihrem Bett, ihrem Zimmer floh, ohne ein erklärendes Wort.
– Das wundert Sie doch nicht? sagt Madame Robbe.
Sie schüttelt den Kopf, sie weiß nicht, was sie sagen soll.
– Manchmal, sagt sie wie zu sich selbst, würde es mich nicht wundern.
Madame Robbe lehnt sich zurück, triumphierend und beruhigt. Ihre Intuition hat sie nicht getäuscht, sie hat erraten, welcher Schatten dieses blasse Gesicht, diese abwesenden Blicke, dieses gezwungene Lachen von Monsieur Manuel zerfraß.
– Aha! sagt Madame Robbe.
Sie sitzt, sie schaut Madame Robbe an, ohne sie zu sehen. Hinter Madame Robbe bewegen sich unförmige Dinge, eine Gefahr regt sich, eine Klosterglocke schlägt die Stunde, Blätter beben, ein verzweifeltes Glück überkommt sie, die Welt verschwimmt, ihr ist nach Schreien zumute.
– Wo ist diese Klinik? sagt sie.
Madame Robbe wird sie hinfahren.

Abkürzungen

MOI	Main d'Œuvre Immigré
AS	Armée secrète
BCRA	Bureau Central de Renseignement et d'Action
SD	Sicherheitsdienst

Bibliothek Suhrkamp

Alphabetisches Verzeichnis